JN172823

BCGが読む 経営の論点2024

編 ボストン コンサルティング グループ

Boston
Consulting
Group 2024

日本経済新聞出版

序　章

不確実で
不連続な
時代の指針に

佐々木 靖 Sasaki, Yasushi

BCG日本支社長兼北東アジア総責任者

マネージング・ディレクター&シニア・パートナー

慶應義塾大学経済学部卒業。ロンドン・スクール・オブ・エコノミクス修士（MSc）。

INSEAD経営学修士（MBA）。

株式会社日本興業銀行（現みずほフィナンシャルグループ）を経て現在に至る。

共著書に『BCGが読む経営の論点2023』、日経ムック『BCGカーボンニュートラル経営戦略』、『BCG 次の10年で勝つ経営』、『BCGが読む経営の論点2019』（以上、日本経済新聞出版）、『デジタル革命時代における銀行経営』（金融財政事情研究会）など。

企業リーダーの重要な役割の一つに、時代の流れを読み取り、潮流を味方にすることで、自社が競争優位を築けるよう舵取りをしていくことがある。

結果を残すリーダーは、周辺ビジネスの動向に限らず、国内外の政治、経済、歴史、文化などに関する知見を総合して、世の中の変化、潮目を読み取る。そうすることで、他社に先駆けて自社の立ち位置を踏まえたユニークな経営の論点を定め、リソースを柔軟に組み替えていく舵取りが可能になる。逆に、ここで間違えば、せっかくの事業機会を見失うだけではなく、従業員に危険な航海を強いることになる。

一方、この時代の流れと潮目の読み取り作業は、世の中の複雑性の増大に伴い、困難を極め、一筋縄ではいかなくなっている。2020年初めの時点で、新型コロナウイルス感染症が世界を席巻し人の往来が途絶えることを、誰が想定できたであろうか。ロシアのウクライナへの侵攻は、世界の人々に大きな衝撃を与えた。この原稿を執筆している2023年9月時点でもまだ収束の気配はない。その危機のさなか、米国とその覇権に挑む中国との対立は激しさを増している。

我々は過去の延長線上にない不連続で不確実な時代に生きている。筆者らはコンサルタントとして、さまざまな業界における中長期の動向を踏まえた戦略構築の支援を仕事としているが、この時代において、企業リーダーが未来を正確に「予測」することはもはや不可能であると考える。むしろ予測の精度を上げることへの過度の注力は経営にとって危険ですらある、との印象を持つ。

ただし、予測はできなくても、変化を「察知」することはできる。これもコンサルタントの実体験に基づいて断言できる。競合に比して、潮流の変化をいち早く感じ取り、事業機会を自社に引き寄せ、企業変革の成功確率を高めることは可能である。それでは、その時代の潮目の変化を察知し、企業の舵取りに反映させる力をどう養うことができるか。

世界を〝ジグソーパズル〟として捉える

「最近、世界はジグソーパズルだと思って経営をしています」

これは某グローバル企業のＣＥＯと個別に話したときに聞いた言葉である。このＣＥＯはグローバルを世界地図として一様に捉えてはだめで、個別のピースの状況に目配りをして意思決定をする必要があると言う。この言葉に、この時代における潮目の変化を読み取る一つのヒントが隠されている。

大きな前提として、今日、どのような業界の企業であろうとも、またその企業の規模の大小にかかわらず、グローバルな視点なくして経営を遂行することは不可能である。

米国での金利の上昇の影響は、米国経済だけにとどまらない。サプライチェーンはグローバルに密結合しており、ウクライナでの戦争はグローバルの需給を混乱させる。気候変動は世界共通の課題であり、グローバルレベルでの企業活動の方向性を定めることなく、解決に近づくことはできない。デジタル技術の革新とＳＮＳなどの普及により、消費者は地球の反対側で起こっていることを瞬時に把握する術を持つ。グローバルレベルで事象を捉えて、変化を見出すことは、今日の企業経営にとって必須である。

その一方で、各地域、各国で起きている事象は、グローバルの潮流の影響を受けつつも、国別、地域ごとに独立したメカニズムで発生する傾向がより強まっている。こうした現象への注視も欠かせない。

たとえば、生成ＡＩ。この後数十年にわたってグローバルレベルで大きな影響をもたらすことは間違いない。少子高齢化の進む日本では、この技術が持つインパクトはポジティブに働く可能性を秘める。一方、大量のエンジニア予備軍を要するインドでは、扱いを間違えば、ＡＩの出現は国力にとってネガティブに働くとの見解もある。

圧倒的なデジタル先進国となった中国は、ＡＩに関連するテクノロジーを、民間企業の次の成長手段として活用することができるか。東南アジア、アフリカ諸国ではどうか。企業における経営のアジェンダや論点の設定が、国や地域によって大きく異なることの理解が潮目の変化を現実の経営のコンテクストに移すうえでどうしても必要になる。

世界がジグソーパズルであれば、どのピースが欠けても絵は完成しない。地図全体を見渡す力量もこれまで以上に必要である。ただし、グローバルをグローバルとして捉えるだけでは不十分で、個別の事象をそれぞれ独立させて意味づけをしないと判断を誤る。前述のＣＥＯのコメントは、企業リーダーがグローバルに企業の舵取りを進めていくうえでの難しさと悩みを端的に表現している。個別のピースの動きをよくよく洞察をもって考え抜いて、全体の絵を想像して描く力を持つことが、この時代の潮目を読み解くうえできわめて重要である。

2024年に注目すべき大きな潮目の変化

本書は、この不連続で不確実な時代、ジグソーパズル的な世界地図の盤上にあって企業をめぐる環境変化の潮目を読み解くうえで、２０２４年に重要となるであろう経営の論点を提示する。

ボストン コンサルティング グループは１９６３年に米国ボストンに最初のオフィスを構え、３年後の１９６６年に世界で2番目のオフィスを東京に開設した。爾来、60年近くにわたり、日本で活躍するさまざまな業界のリーディング企業を支援してきた。長年、企業経営の具体に関して黒子として支援を続けてきた私たちだからこそいえる２０２４年に考えるべき8つの論点である。

前半の4つは、どの産業や業界に所属しようとも、自社が競争優位を構築するうえで考察が必要となる時代の流れに関する論点を扱う。いずれも、中長期に影響をもたらす論点だが、２０５０年時点から時計の針を巻き戻した際に、２０２４年が大きな変化の年だったと考えることができるアジェンダである。

第1章では、エネルギーシフトの問題を考える。気候変動、脱炭素は、今後数十年の企業経営の動向を左右する根本テーマである。ここでは、特に、化石燃料から再生可能エネルギーへのシフトにフォーカスを当てる。エネルギーの供給側、需要側を問わず変革を迫られることになり、日本は独自の「脱炭素インフラ大構築」の時代に向かっているといえる。中長期からのバックキャストで、日本企業に必要な視点を提供したい。

第2章でＡＩ（人工知能）、特に生成ＡＩのインパクトを扱う。オープンＡＩの登場によりＡＩが潜在的に持つ破壊力、特にビジネスのあり方を根本的に覆す可能性が、広く議論されるようになった。ビジネスへの具体的な影響はこれからだが、動きは加速度的に進展しており、どの企業もこれを無視してはいけない。既存の事業にとって脅威となる要素は含まれるものの、日本企業はＡＩを積極的に活用することで、産業競争力を再活性化できるはずである。

第3章では、生物多様性の動向を論じる。気候変動に加えて、生物多様性が企業経営に大きなインパクトをもたらすことは、（日本国内での議論はまだ初期段階との印象にあるが）グローバルレベルでの大きな潮流として捉えておくべきである。人類が生存できる安全で持続可能な環境を守る循環型経済（サーキュラーエコノミー）をどう構築していくか。企業リーダーは、これまで以上にバリューチェーン全体を見据えた複雑系のマネジメントを遂行していくことが求められる。

第4章では、経済安全保障がサプライチェーンに与える影響に関して考察を深める。ロシアのウクライナへの侵攻で経済安全保障のトピックは、多くの企業リーダーにとって現実のテーマとなり、早急に対策を考えなければならないという緊張感をもたらした。世界のどこに居住しようが、企業のリーダーが地政学リスクを考えない日はない。特に、グローバルに展開する日本企業にとって、サプライチェーンへの影響は、広範な事業に甚大なリスクをもたらす。

競争優位を築くために必要な組織の能力

転じて後半は、企業が競争優位を構築するうえで必要となる「ケイパビリティ（組織能力）」に着目する。時代の変化を味方にして乗るのか、もしくは抗うのかは個別の事業戦略次第であるが、どちらの方向を目指すにせよ自社の能力を向上させていくことは必要である。本書では、特に日本企業が今後勝ち抜いていくうえで獲得が必要となる4つのケイパビリティを扱う。

第5章では、事業開発（M&A）の活用力について論じる。既存事業を軸とした過去の成功が通用しなくなり、根本的に新しい能力を取り込むことが多くの企業群に求められている。事業開発力というケイパビリティは、次なる成長の種を獲得するうえでの必須科目である。コーポレートガバナンスや資本市場のあり方の違いも作用してか、特に欧米企業と比較すると、日本企業の中で、自社の能力として事業開発力をきちんと具備できているプレーヤーは少ない。

第6章では、イノベーションを引き起こすケイパビリティを考える。企業リーダーにとって、特にこの不確実な時代、イノベーションを起こす企業であり続けたいとの願望は強い。一方で、イノベーションを生み出す膨大な努力とリソース投入が、まったく成果につながらないとの不満の声も多く聞く。一般には革新的とみなされる日本企業においても、イノベーションを成功させることに腐心している。

第7章では、プライシング（価格設定力）について述べる。日本においては、長期にわたるデフレ経済の影響もあり、価格を上げる、最適化することの議論そのものが、ご法度であるという雰囲気が経営に蔓延していた。しかし、「値決め」は、経営において最重要ドライバーの一つ。欧米では、このデジタル時代において、データを活用して科学的に最適な価格を導き出す高度化の動きが相当に進展している。日本企業が取り組むべき方向性を、B2C（企業対消費者）、B2B（企業対企業）、の両領域で考える。

第8章では、ヒトを活用するためのケイパビリティに関して論じる。企業は最後はヒトであり、何か新しい動きをとるためには、新しいヒトを獲得し、活用していくことがベースとなる。企業内の人材マネジメントの巧拙によってパフォーマンスは大きく変わる。リーダーは、企業が持つ潜在力を引き出し、従業員を鼓舞し、方向づけすることで、最大限のパフォーマンスの発揮を促す重要な役割を担う。日本企業が従来の人事の枠を超えて人材戦略を再考することの重要性を説く。

自社ならではのユニークな論点を設定せよ

いうまでもなく、企業リーダーが考える経営の論点は、個々の企業ごとに唯一無二で、ユニーク（個社固有）であるべきだ。言い方を換えれば、設定する経営の論点に独自性がなければ、その企業の社会的な存在価値を見出すことができない。

また、企業のリーダーは、従業員、株主、そして地域などを含めた関連ステークホルダーを鼓舞する目標を提示することが大事である。どこを到達点と考えるかの目標設定そのものも、企業ごとにユニークであるべきだ。

時代の潮目を察知して、自らのレンズでのぞいた世界の姿をもとに、自社にユニークな経営の論点を設定する。そして数値で機械的に意思決定することなく、自らの使命と価値観に基づいて意思決定をし、企業の変革を牽引する。不確実性の高い未来を切り開いていくリーダーシップには、時代を味方にして、人をひきつけ、経済的利益を超えた使命感に人を燃えさせるような理念を描く力と危機を乗り切る洞察力が必要だ。

本書で提示する8つの論点は、2024年に企業が個々のユニークな論点を見出すにあたってのベースとなる指針と考えて欲しい。どの業界の、どの企業にとっても、軽重はあるにせよ、いずれの論点も外すことができないものである。これらの論点を土台としつつ、ぜひ、読者の皆様の企業における経営の論点が何であるのかを考えていただきたい。

本書が、日本の企業リーダーにとって、変革を通じた、さらなる成長のあり方を考えるヒントになればとの思いにある。

BCGが読む経営の論点2024　目次

第2部

2024年、必須の経営能力

第 1 部

2024年、
注目の
経営トレンド

Chapter

1

エネルギーシフト

——日本企業は“賢い需要家”を目指せ

丹羽 恵久 Niwa, Yoshihisa

ＢＣＧマネージング・ディレクター&シニア・パートナー
慶應義塾大学経済学部卒業。国際協力銀行、
欧州系コンサルティングファームを経て現在に至る。
ＢＣＧ気候変動・サステナビリティ・プラクティス、
およびパブリックセクター・プラクティスの日本リーダー。
共著書に『ＢＣＧカーボンニュートラル実践経営』（日経ＢＰ）、
『ＢＣＧが読む経営の論点２０２３』（日本経済新聞出版）など。

平 慎次 Taira, Shinji

ＢＣＧマネージング・ディレクター&パートナー
京都大学工学部卒業。
東京電力株式会社（現東京電力ホールディングス株式会社）を経て現在に至る。
ＢＣＧ気候変動・サステナビリティ・プラクティス、
およびエネルギープラクティスのコアメンバー。

化石燃料から再生可能エネルギーへのシフトは、気候変動対策として世界的な重要課題になっている。最近の資源価格の高騰はこの動きを加速させ、企業にとってもコスト削減、エネルギー確保などの観点から経営課題として重要度を増している。

この分野では欧州が先行するが、日本ものんびり構えてはいられない。エネルギーの供給側、需要側を問わず変革を迫られており、日本は独自の〝脱炭素インフラ大構築〟時代に向かっている。こうした状況をどう乗り越え、チャンスとするか。今後のシナリオと賢い需要家になるための視点を提供する。

エネルギー高騰で加速する脱炭素化

ロシアによるウクライナ侵攻以来、エネルギー価格の高騰や安定的なエネルギーの確保が、世界的に大きな課題として浮上している。日本においても電気料金をはじめエネルギーコストの上昇、電力不足が懸念される状況だ。

家庭用電気料金も急激に上がり、ピークとなった2022年12月には、2年前の2020年12月に比べ約1・3〜1・7倍にまで上昇した（図表1－1）。その後、政府による補助金政策などで料金はやや下がったが、各電力会社は燃料コストの上昇を吸収しきれず、大手7社は2023年6月に料金を値上げした。また、2016年の電力自由化以降に参入したいわゆる新電力は、2023年3月時点で約700社のうち約3割が、倒産、契約停止、撤退を余儀なくされている。

こうしたエネルギーコストの問題は、供給する電力会社だけでなく、エネルギーを利用するすべての産業の需要家企業に大きな影響を及ぼしている。実際BCGでも、ほぼ全産業の企業とエネルギーに関して議論する機会が増えている。金融機関、保険会社、製造業者、通信事業者、小売事業者など、すべての需要家企業にとって、エネルギー調達は部材・原材料調達と同等の重要度を持つと考えるべきだ。具体的には、エネルギー調達先の

図表 1-1
国内家庭用電気料金月別単価の推移

2020年12月と2022年12月では、約1.3～1.7倍

出所：経済産業省

確保、コスト管理、価格変動対策などを事業計画に組み込み、変化を先取りし、競争優位性を確保することが求められている。

このエネルギー問題を考えるときにカギになるのが再生可能エネルギーだ。特に欧州では再エネの発電コストが当初の予測を超えて下がり、普及のスピードも速い。石油やガスなどの従来エネルギーの価格が不安定になり調達コストがかさむ中、太陽光、風力などの再エネは自国で発電設備を造ってしまえば燃料は不要なので、長期に安定供給が見込める。再エネへのシフトは、もはや環境問題というより、経済問題を解決する切り札になっている。

欧州の取り組みは、日本より10～20年先行していると見られる。ここではまず欧州の供給側、需要側の動き、政策という3つの観点で見ていこう。さらに米国の動向にも触れる。

「2050年ネットゼロ」に向け先行する欧州

欧州のエネルギー供給企業は、2015年のパリ協定に基づいて温室効果ガスの排出量を2050年にネットゼロにする、という目標に向けてさまざまな取り組みをしている。石炭火力やガス火力を縮小し、再エネを増強する方向に舵を切った。2010年代後半頃からは、FIT（固定価格買取制度）やFIP（補助額上乗せ制度）のような公的補助を受けない再エネプロジェクトが増えている。これは、太陽光や風力などの再エネが、石炭、天然ガスなどの化石燃料に対して価格面で競争力を持つようになったことを示している。

こうした中、ウクライナ侵攻でロシアからのガス輸入に頼ることのリスクが顕在化し、自国で生成できる再エネを強化する流れがさらに強まった（図表1－2）。再エネは、脱炭素だけでなく、エネルギー安全保障、コスト低減、価格変動リスクへの対応などすべての課題と直結している。再エネ事業への取り組み度合いがエネルギー供給企業の株価にも大きく影響する状況になっている。

図表 1-2
欧州の電力価格高騰と再エネの重要性

欧州の電力価格およびボラティリティ

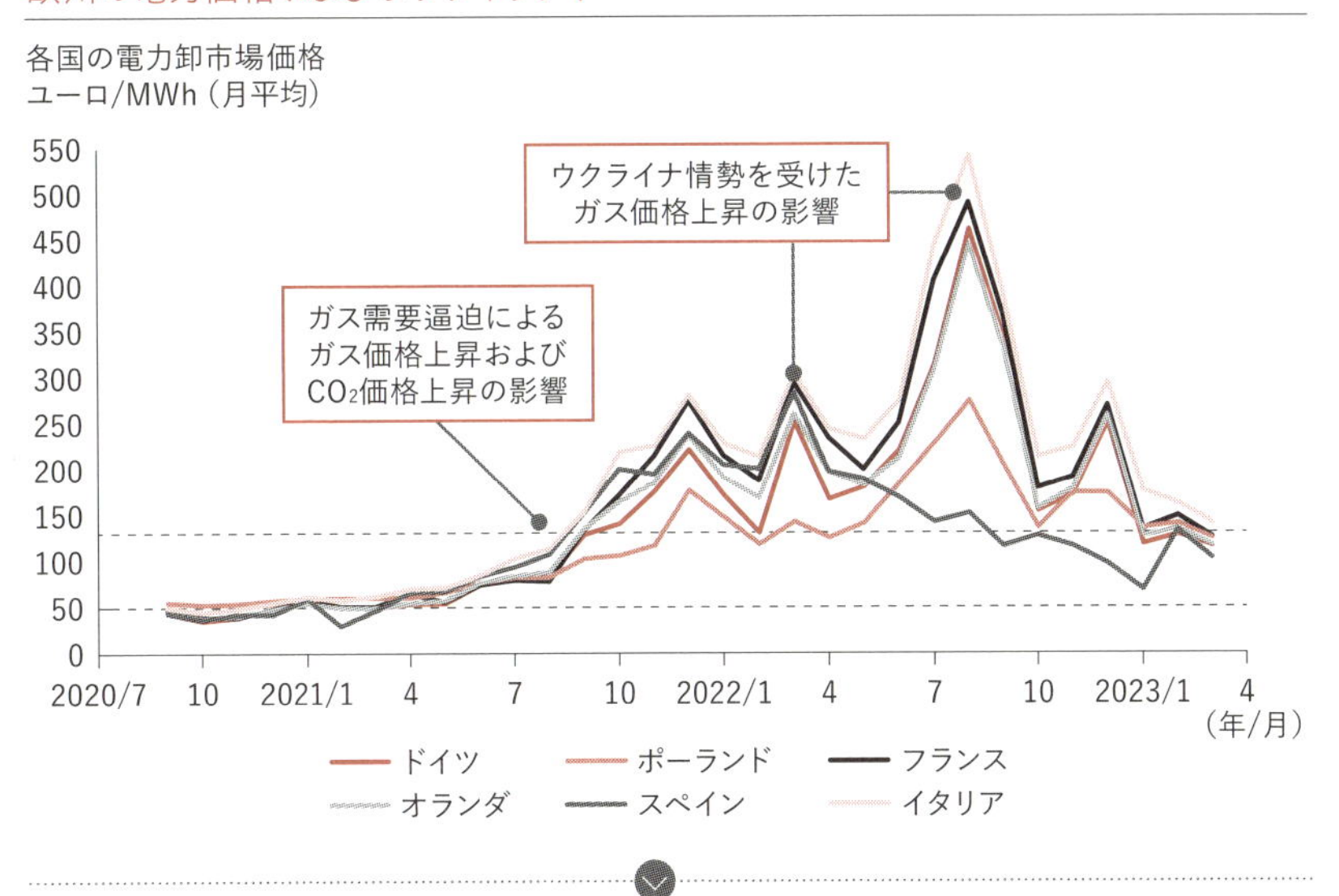

再エネの提供価値は高い

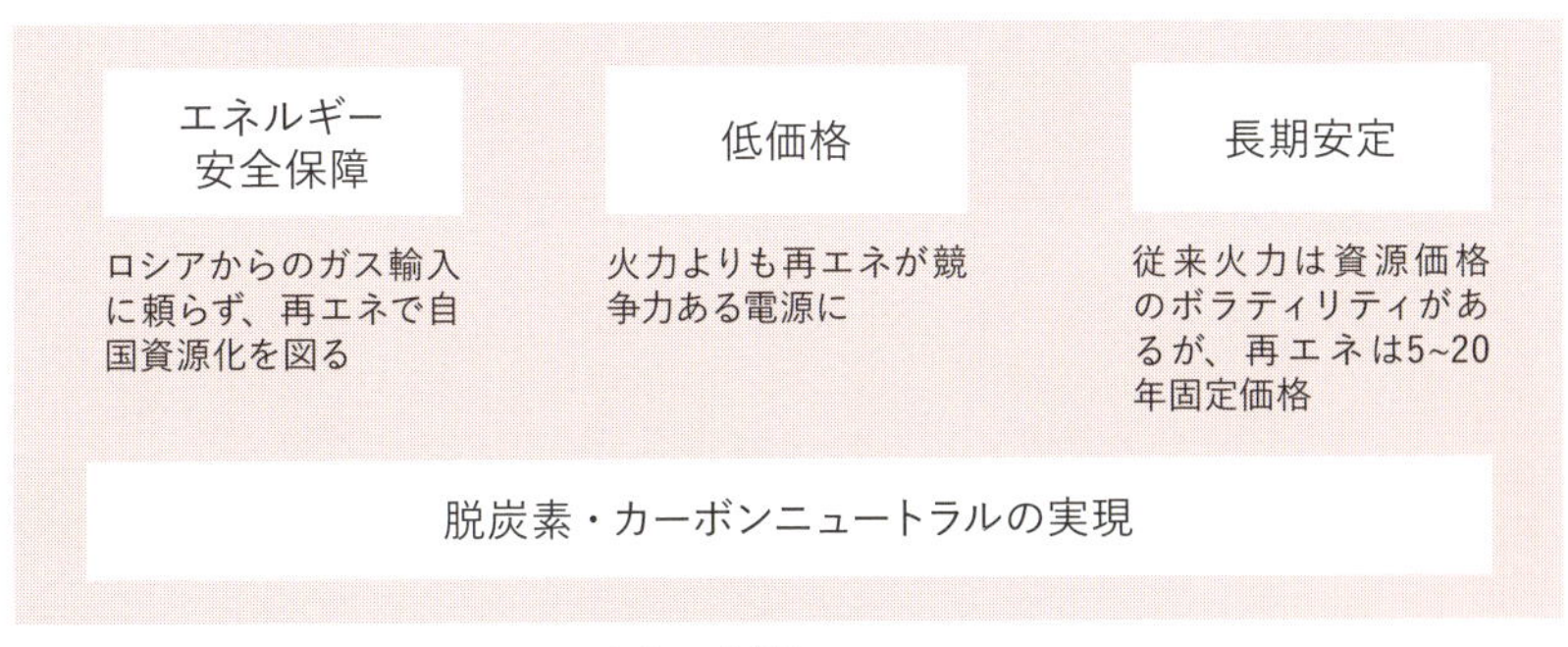

出所：EnergyScan、ボストン コンサルティング グループ 分析

広がる再エネの直接購入契約

欧州の需要家企業の意識も大きく変わった。再エネ価格の安定化や従来エネルギーの高騰を受けて、賢くエネルギーを調達すべく再エネ確保に舵を切っている。たとえば独自動車大手ＢＭＷはすでに２０１７年に欧州での使用電力を１００％再エネに切り替えている。独自動車部品サプライヤー大手のボッシュも２０２０年には自社拠点のカーボンニュートラルを達成している。

加えて、需要家企業と供給企業との直接購入契約である「ＣＰＰＡ（Corporate Power Purchase Agreement）」を結ぶ動きが活発化している。従来の化石燃料由来の電力は、燃料となる石油やガスの価格変動リスクが大きいので、電気料金を単年契約とすることが一般的だった。しかし、再エネは比較的安定した供給が見込めるため、固定単価での長期複数年契約（5～20年）が可能になり、供給側・需要側双方にメリットを生む。

欧州の調査会社の分析などを基にすると、ドイツでは需要の増加に供給が追いつかず、２０３０年時点でＣＰＰＡ向けの再エネが供給不足に陥ると予測される。特に上場企業では60％以上が再エネＣＰＰＡを希望しているというデータもある。一方で非上場企業ではこの割合は10～20％にとどまるため、現状ではエネルギーシフトへの対応は、事業運営上の理由に加え、株主などステークホルダーからのプレッシャーが要因となっていることがうかがえる。

図表 1-3
需要家企業の再エネ調達の取り組み

アリアンツ

再エネ発電事業展開

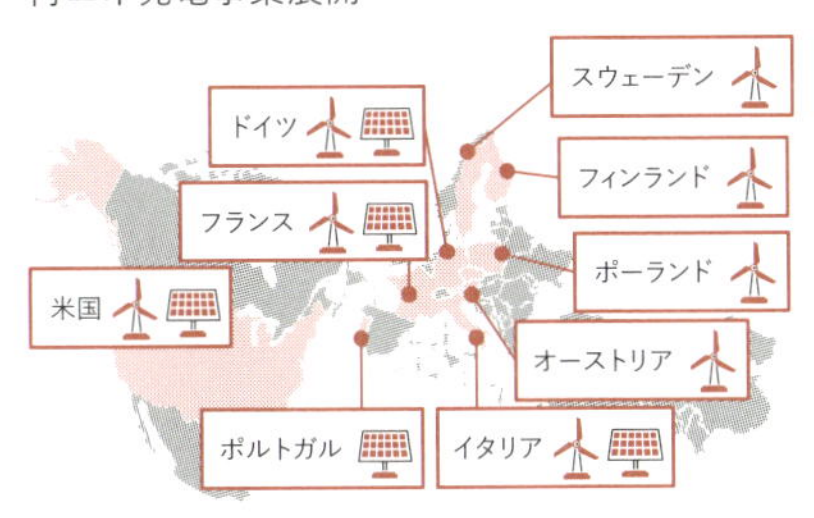

(Allianz Capital Partnersのポートフォリオ)

- 専門人材獲得・メジャー出資を開始
- 近年ではアリアンツ自らが事業展開するアセット・マネジメントへと進化
  →グーグルやBASFなどの大口需要家へ再エネ電力を供給

アマゾン

消費電力に対する再エネの割合（%）

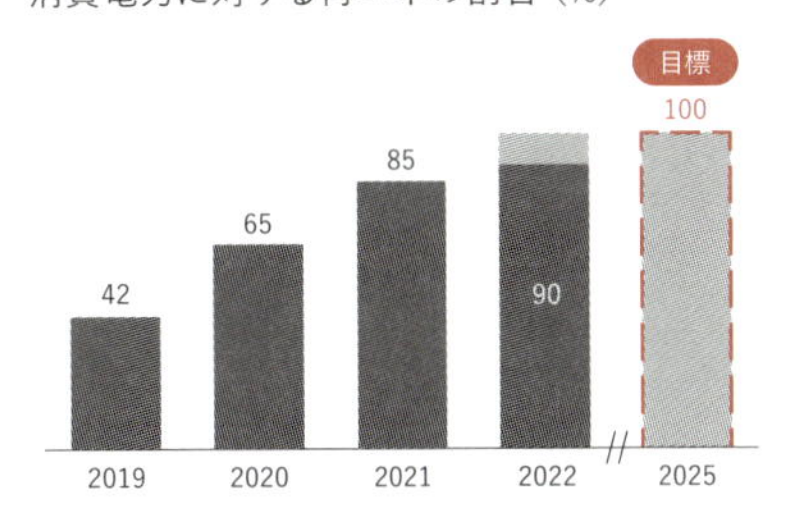

2025年にはグローバル全体の年間消費電力を100%再エネで賄う計画

- グローバル全体ですでに20GW以上、消費電力の90%を確保（2023年1月時点）

出所：Allianzウェブサイト、Amazonウェブサイト、各新聞記事等

しかし、CPPAよりもさらに踏み込んだ対応を進めている企業もある。たとえば、化学大手の独BASFは、電力会社大手と共同で洋上風力発電設備を保有し、つくった電力を自社工場に供給している。また、保険大手の独アリアンツも、再エネのエキスパートを採用して専門性を高め、今では55億ユーロ（約1兆円）規模の再エネ設備に投資している。しかも、つくった電力は自社で利用するだけでなく、近隣のデータセンターに売るなど、事業化も行っている（図表1－3）。

これらのエネルギー需要家企

業は能動的に再エネを調達するだけではなくなっている。アリアンツの事例などは、供給企業と需要家企業の垣根をなくし、需要側から供給側への事業参入と捉えることもできるだろう。

自国の産業成長を促す巧みな政策

そもそも欧州では、市民の高い環境意識を背景に、政策面で再エネの開発を推進しながら、同時に産業政策も進めてきた歴史がある。環境対策だけでなく、自国（あるいはＥＵ）の産業勃興・成長のためのルールづくりにも巧みに取り組んできた。

たとえば、金融市場や資本市場において、脱炭素政策・産業政策を後押しするための取り組みとして、ＮＺＢＡ（Net Zero Banking Alliance）がある。これは２０２１年に設立された銀行間の国際的な連合で、２０５０年までに加盟行全体の投融資ポートフォリオを「ネットゼロ」にすることを目指している。ＮＺＢＡに加盟する金融機関は、再エネなどの脱炭素インフラや製品に切り替えることを重視した投融資方針をとることで、社会全体で推進するエコシステムを形成しようとしている。欧州や北米の金融機関が主導しており、ＮＺＢＡの上位組織であるＧＦＡＮＺ（グラスゴー金融同盟、Glasgow Financial Alliance for Net Zero）は、前イングランド銀行総裁・元カナダ中央銀行総裁のマーク・カーニー氏が提唱して設立された。

米国は巨額の財政出動で需要家企業を支援

米国の動向についても見ておこう。

米国では州ごとに制度が異なるため、エリアによって差はあるものの、全体として、再エネ導入、CPPA導入は進んでいる。特に、アマゾンのようなデータセンター事業者で、エネルギーシフトの動きが先行している。

データセンターは、多数のサーバーを使用するため大量の電力を消費している。アマゾンは2022年に世界で使用する電源のうち20ギガワット以上が再エネになったとしており、2025年にはEC（電子商取引）を含むすべての業務の使用電源を再エネにすることを目標として掲げている（図表1－3）。

また、アマゾン以外にもマイクロソフトやアルファベット（グーグル）などデータセンター事業を手掛ける巨大企業も、エネルギーシフトに積極的だ。ちなみにIEA（国際エネルギー機関）のレポートによると、データセンターの年間電力需要は、世界の最終電力需要の0・8％に相当するという。

こうしたエネルギーシフトの動きを、政策もサポートしている。2022年8月、バイデン米大統領はインフレ抑制法案（IRA）に署名した。これは、電力料金や薬価などを対象に幅広くインフレの抑制を意図するもので、クリーンエネルギー政策に3690億ドル（約55兆円）という前代未聞の財政支援を投じ、エネルギーコストを押し下げることを目論む。また、ＥＶ（電気自動車）の購入者に最大７５００ドル（約１１０万円）の税額控除を設けるなど、ＥＶの普及にも影響を及ぼしそうだ。

こうした米国の政策は、すでにエネルギーシフトで先行している欧州と歩調を合わせているように見える。しかし、税控除を受けられるＥＶは北米で生産されたものに限るなど、ＩＲＡは全般に、米国内での雇用や部品の国内調達を税控除の条件としており、国内産業保護の意味合いが強い。これは、欧州が域外からの輸入品に炭素コストを課税する「国境炭素調整メカニズム」と同様の動きと捉えることができる。

ちなみにＢＣＧの分析では、ＩＲＡによる税控除のメリットを享受することで、太陽光、陸上風力、洋上風力などの再エネ発電コストは、約２分の１になると予想される。さらに２０３０年には、２０２０年との比較で、大規模太陽光発電が４～６倍、陸上風力が２倍の規模となる可能性がある。

日本が遅れてしまった理由

一方で、日本の現状はどうだろうか。前述した通り、再エネ比率においても、日本は欧州に大きく後れをとっている。それには主に３つの理由がある。

1つ目は、欧米のようには再エネのコストが下がりにくいこと。これは日射量や風況が安定しないなどにより再エネ稼働率が低いことが大きな要因となっている。

2つ目は、他国と送電インフラの連携ができないこと。再エネは、気象などの自然環境に左右され発電量が安定しない。欧州のような地続きの環境なら、広域送電網を構築して電力を融通し合うことで、供給を調整することができる。しかし日本のような島国では、自国内で完結せざるを得ないため、国境を越えた融通ではなく、他の電源とのエネルギーミックスで対処せざるを得ない、という事情がある。

3つ目に、日本特有の事情として、2011年の東日本大震災および福島原発事故がある。これも再エネ開発に少なからぬ影響を与えた。原発に関してはさまざまな視点があり、その是非についてはここで論じるべきものではない。しかし、事故以前、日本は〝原子力ルネッサンス〟のもと、再エネとは別の手段で低炭素化を実現していたことは事実である。震災で原発事故が起こると、首都圏は電力不足に陥り、計画停電なども行われた。そして、その解決のために石炭やLNG（液化天然ガス）による火力発電の増設が進められた。世界的なエネルギーシフトの流れに逆行する形となったが、現実を目の前にしてやむを得ない選択だった。並行して、2012年には再エネ導入を支援するFITが開始されたが、グローバルな情勢の中では、やや特異なポジションだったといえる。

以上のような事情があるとはいえ、グローバル市場では欧州や米国と同条件で競争せざるを得ない。資源価格高騰、サービスや製品に求められる規制などは世界共通だ。日本はかなりハードルが高い状況に陥っているともいえる。

GXで官民挙げて巻き返しを狙う

こうした状況の中、もちろん日本も行動を起こしてはいる。まずは、直近の動向について見てみよう。

2021年10月、第6次エネルギー基本計画が閣議決定された。電源構成における再エネの比率は2030年に36～38%まで引き上げることを目指している。また、水素・アンモニアが2030年の電源構成で1%と初めて記載された。水素・アンモニアは、脱炭素に向けた新たな資源として注目されているが、資源の乏しい日本はLNG同様、かなりの量を輸入に頼ることになる。

水素は脱炭素の観点から、LNGや石炭などの化石燃料を利用してつくられる「グレー水素」、同様に化石燃料からつくられるがその際に発生するCO_2を回収して実質ゼロとした「ブルー水素」、再エネ由来の「グリーン水素」に分けられる。

現状はグレー水素とブルー水素が主だが、将来的にはグリーン水素が大半になると予想される。要は、海外で生成した再エネを、水素・アンモニアという形に変えて輸入するこ

図表 1-4
日本のGX基本方針

今後10年で官民合わせて150兆円の投資を見込む

	今後10年間の官民投資額全体 150兆円超		そのうち政府支援額のイメージ 約20兆円規模	
非化石エネルギーの推進	約60兆円〜	●再生可能エネルギーの大量導入 ●原子力（革新炉等の研究開発） ●水素・アンモニア 等	約6〜8兆円	イメージ ●水素・アンモニアの需要拡大 ●新技術の研究開発 等
需給一体での産業構造転換・抜本的な省エネの推進	約80兆円〜	●製造業の省エネ・燃料転換（例: 鉄鋼・化学・セメント・紙・自動車） ●脱炭素目的のデジタル投資 ●蓄電池産業の確立 ●船舶・航空機産業の構造転換 ●次世代自動車 ●住宅・建築物 等	約9〜12兆円	イメージ ●製造業の構造改革・収益性向上を実現する省エネ、原料・燃料転換 ●抜本的な省エネを実現する全国規模の国内需要対策 ●新技術の研究開発 等
資源循環・炭素固定技術 等	約10兆円〜	●資源循環産業 ●バイオものづくり ●CCS 等	約2兆〜4兆円	イメージ ●新技術の研究開発・社会実装 等

出所：経済産業省「GX実現に向けた基本方針」

とになるだろう。

さらに2022年7月には、岸田文雄首相が立ち上げた「GX（グリーントランスフォーメーション）実行会議」の第1回会合が開催された。エネルギーの安定供給のための具体的な方策と、脱炭素に向けた今後10年のロードマップを策定するなど、官民挙げての取り組みが進んでいる。

GX実行会議が採択した基本方針では、諸外国に対する遅れを挽回するためにも、今後10年で官民150兆円規模の脱炭素投資が必要であり、そのうち20兆円は国の財源を投入するとしている（図表1－4）。GX実行会議にはBCG

のエキスパートも有識者として参加しており、政策検討の支援もしている。

脱炭素と産業成長を両輪とするGXの実現は、国の最重要課題の一つだ。日本全国で脱炭素の新しい仕組みづくりや設備投資、産業政策がこれから本格する。いわば〝脱炭素インフラ大構築時代〟を迎えようとしている。

日本企業が〝賢い需要家〟になるために

では、これからの10年、日本企業が取り組むべきことはなんだろうか。「備える」「実行する」「継続する」の3つのフェーズで、5つの取り組みを提案したい（図表1－5）。

「備える」ための2つの取り組み

まずは「備える」。エネルギーは欲しければいつでも手に入る、という時代は終わった。必要なものを、必要な時に、必要な量だけ確保するには準備が欠かせない。そのためにやるべきことは2つある。

①自社のエネルギー使用実態を把握し、脱炭素だけでなく価格変動リスクも理解する

日本でも、大手企業の多くはCO_2排出量削減の目標を開示している（実施していない

図表 1-5
日本企業の需要側が取り組むべき5つのこと

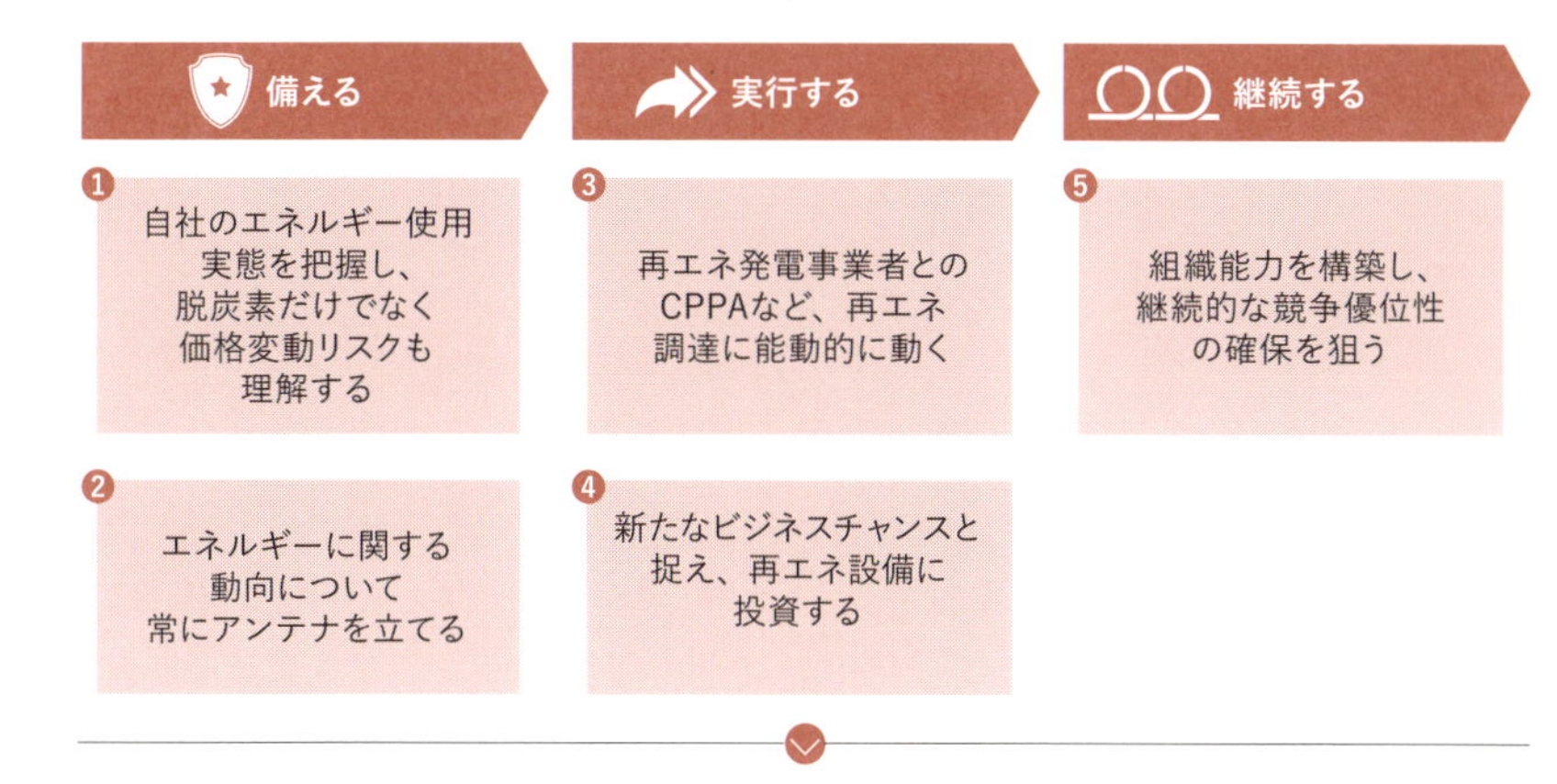

出所：ボストン コンサルティング グループ

企業は早急に取り組むことを勧めたい）。もちろん目標開示は重要だが、そのために電力使用量をはじめとするエネルギー使用実態を把握しておくことに大きな意味がある。企業活動を通してどれだけのエネルギーコストがかかっているのか、資源価格や電力料金の高騰による価格変動リスクはどの程度想定すべきなのか。その場合、全体収益への影響はどうなるのか。業種や規模によって異なるとは思うが、エネルギーシフトが自社の経営に及ぼす影響を、特に経営層は肌感覚をもって理解することが必要だろう。

②エネルギーに関する動向について、常にアンテナを立てる

前述した通り、エネルギー業界の変化は激しい。実際、ここ数年でエネルギー技術は急速に進化している。このことをよく理解しておく必要がある。技術の進展に伴ってゲームのルールが一気に変わることも十分に起こりうる。

まずやるべきことは、エネルギーに関するあらゆる動向について、日頃からアンテナを立てて情報収集すること。国連気候変動枠組条約締約国会議（COP）や世界経済フォーラムのような国際的な枠組みの動向、日本をはじめ各国の政策、エネルギー企業や需要家企業の取り組み、エネルギーに関する新技術やイノベーション〈浮体式洋上風力、水素、アンモニア、CCS〈CO_2を回収・貯留する技術〉、DAC〈大気中のCO_2を直接回収する技術〉、ペロブスカイト太陽電池〈日本発の技術で薄いフィルム型の太陽電池〉など〉についての最新情報をキャッチして、自社に与える影響を考察することが肝要である。

再エネ発電設備への投資も選択肢

「備える」だけでは十分ではない。備えたら、次は一歩踏み込んで「実行する」ことを考える。ここでも、やるべきことを2つ提案する。

③再エネ発電事業者とのCPPAなど、再エネ調達に能動的に動く

エネルギーシフトに関心のある企業なら、電力会社が提供する再エネ限定の料金メニューを検討したことがあるだろう。しかし、これらは脱炭素対策にはなっても、価格変動リスクへの対応にはならない。脱炭素に貢献しつつ、長期間・固定価格で安定した再エネを確保するためには、欧州のような再エネＣＰＰＡの契約形態を検討してはどうか。

国内のＣＰＰＡ実例としては、すでに２０２１年にアマゾンが三菱商事の子会社であるＭＣリテールエナジーと締結した契約がある。これにより、アマゾンは、三菱商事のグループ企業を通じて、太陽光発電所４５０カ所（出力総計約22メガワット）から安定的に再エネ電力を調達することが可能になった。

ＣＰＰＡについては、洋上風力発電の動向が注目される。２０２３年6月に公募が締め切られた秋田２カ所と、新潟、長崎の計４海域の洋上風力発電の入札は、前回の入札で適用されていたＦＩＴのスキームではなくなった。このため、入札に参加する一部の事業者は、あらかじめ電力の供給先を確保するために、需要家企業各社とＣＰＰＡ交渉を行ってきた。落札した場合の運転開始は２０３０年頃になる予定で、そこから15～20年の長期にわたり、再エネ由来電力を固定価格で供給する契約となるだろう。

現時点ではまだ契約が確定したわけではないが、ＣＰＰＡについてすでに欧州と同様の動向が見られるということでもある。需要家企業としては、能動的に動くべきときが来ているといってよいだろう。

④新たなビジネスチャンスと捉え、再エネ設備に投資する

再エネを調達するだけでなく、一歩踏み込んで自らつくることによって、価格変動などの調達リスクを軽減することも、選択肢として検討すべきだろう。

工場を持つ企業などは、自社施設の屋上に太陽光パネルを設置する案を一度は検討したことがあるはずだ。しかし、費用対効果を計算すると「採算がとれない」として諦めた企業も多かった。ところが、近年は太陽光発電設備のコストも低減、加えて比較対象である電気料金も高騰している。今、改めて検討する余地があるだろう。

自社敷地内に設備を造るスペースがないのであれば、今後新設されるオフサイト（敷地外）の太陽光、陸上風力、洋上風力発電のＳＰＣ（特別目的会社）に参画したり、一部に出資したりすることで、つくった再エネ由来電力の一部を受給することも考えられる。再エネ由来電力を安定的に調達できるだけでなく、他の需要家に供給した分を収益として得ることも可能だ。

海外では、前述したアリアンツの事例がある。アリアンツは、すでに２００５年から再エネ設備に対する投資を始めている。

国内においても、２０２３年5月、ＮＴＴのグループ企業が、東京電力と中部電力が出資する火力発電会社ＪＥＲＡと組んで、再エネ事業者グリーン・パワー・インベストメン

ト（ＧＰＩ）を買収すると発表した。ＧＰＩは風力発電に強みを持つ。ＮＴＴグループは、今後5年で再エネとＩＣＴ（情報通信技術）を活用したグリーンソリューション関連に1兆円を投資する計画である。

また、東急不動産も、再エネ設備に投資し再エネ事業を推進している。グループ企業などが協力して、高島屋に対し再エネＣＰＰＡを提供。国内初の、短期契約による大規模オフサイト型ＣＰＰＡの実証的な取り組みとして注目されている。

このような動きは、需要家企業によるエネルギー事業参入とみることができる。ただし、エネルギー企業との競合という観点だけでなく、エネルギー企業との協業を検討することも重要だ。大手需要家企業であるトヨタは、エネルギー供給側である中部電力と組み、豊田通商とともにトヨタグリーンエナジーを設立。国内の再エネ電源の取得・運営を行い、将来的にはトヨタグループへの供給を目指している。

⑤組織能力を構築し、継続的な競争優位性確保を目指す

「備える」「実行する」、その先は「継続する」だ。一過性の取り組みではなく、「継続して」取り組んでいくためにはどうすればよいか。内に向けては自社のエネルギー状況を把握し、外に向けては最新の状況・情報に目を光らせながら、能動的に先手を打つ。こうした組織能力を身につけていかなければならない。必要なら外部からのエキスパートの採用、

パートナーの活用、あるいはM&A（合併・買収）なども考慮すべきだろう。当然、事業計画などに織り込む必要も出てくる。そのためには、何より経営層の意識、理解力の向上が重要になるだろう。

エネルギーシフトに対応しながら、同時に収益の安定性を実現すること、さらには、新規事業にビジネスチャンスを見出すこと。そのために、備え、実行し、継続すべき5つの事柄を提案してきた。要は、欧州企業よりもさらに深い知見を有する〝賢い需要家〟であることが求められているのだ。

需要家企業は将来像を理解して能動的に

最後に、需要家企業が賢く行動するために、日本のエネルギーシフトの将来像、すなわち脱炭素インフラ大構築時代の概要を解説しておく。「2050年ネットゼロ」を実現するために、将来のエネルギーインフラは以下のように大きく様相を変えると予想される。

・大規模電源のシフト　今後拡大が予想される風力発電では自然条件が重要になるため、洋上では北海道、東北、九州エリア、陸上では北海道、東北エリアを中心に開発が進む。

・火力の縮小とゼロエミッション化　石炭やＬＮＧによる既存火力は縮小されることになるだろう。同時に、燃焼時にCO_2を排出しない水素・アンモニアを混焼することによってゼロエミッション化が推進される。

・分散型太陽光発電の大量導入　太陽光発電は拡大の必要があるものの、大規模な設備は用地などの問題で難しく、既存建物の屋上や遊休地を利用した小規模電源の分散型になる。

こうしたインフラの変革は、エネルギー供給企業の事業構造そのものにも大きな影響をもたらしそうだ。これまでは、各地のエネルギー企業がエリア内に発電所を造って、現地の需要家に販売するのが一般的なモデルだった。ところが、これらの変革が実現した場合、仮に需要の大きいエリア（関東、中部、関西）が現在と変わらないとすると、北海道、東北、九州から、これらの地域に大量の電気を送電することになる。実際、大規模送電インフラの建設計画も進んでいる。エリアに立脚したエネルギー企業は、再エネ立地への展開を急ぐべきだろう。

一方で、再エネに関する技術は十分に熟しているとはいえない。浮体式洋上風力、水素・アンモニアの貯蔵・輸送、燃料電池など、まだまだ技術的に未確立なものが多い。こうした従来とは異なるインフラ開発に、コストを抑えつつ取り組んでいくのは、難度の高い挑戦である。

このようにエネルギーをめぐる環境はインフラも含めて大きく変わる。需要家企業としては、将来シナリオを見据えながら、自社の計画を策定することが重要だ。エネルギーの動向に常に関心を払い、情報を収集し、どのような影響と選択肢があるのかを検討して「備え」ておく。必要なときが来たら、購入はもちろん場合によっては投資も含めて「実行する」。さらに、状況は刻々と変化していくので、それに応じて先手を打てるよう「継続して」組織としての能力を高めておく。経営者はこうしたポイントを押さえて、変化をチャンスと捉え、能動的に行動する〝賢い需要家〟に飛躍してほしい。

Chapter

2

生成AI

——日本の“勝ち筋”と導入の5つのポイント

豊島 一清 ● Toyoshima, Kazukiyo

BCGマネージング・ディレクター＆パートナー
東京理科大学理工学部卒業。同大学大学院理工学研究科修了。
グローバルコンサルティングファーム、ベンチャーキャピタルファンド、
日本アイ・ビー・エム株式会社を経て現在に至る。
デジタル専門組織BCG Xの北東アジア地区共同リーダー、
BCGテクノロジー＆デジタルアドバンテッジ・プラクティスの日本リーダー。
共著書に『BCGが読む経営の論点2021』（日本経済新聞出版）。

中川 正洋 ● Nakagawa, Masahiro

BCGマネージング・ディレクター＆パートナー
早稲田大学理工学部卒業。同大学大学院理工学研究科修了。
グローバルコンサルティングファームなどを経て現在に至る。
日本における生成AIトピックのリーダー。デジタル専門組織BCG X、
BCGテクノロジー＆デジタルアドバンテッジ・プラクティス、
およびパブリックセクター・プラクティスのコアメンバー。

ープンAIが2022年に人間のように自然に文章を生成して対話する「ChatGPT」（チャットGPT）を公開し、わずか2カ月で1億人のユーザーを獲得するという衝撃のデビューを果たした。それ以降、マイクロソフトやグーグルが生成AIサービスの開発で火花を散らし、幅広い企業が利活用を試みている。

インターネットの誕生後、デジタル資産として蓄積されてきた膨大なデータを自己学習させることで誕生したAIモデルの能力には目を見張るものがあり、AIのさらなる進化に対し警鐘が鳴らされるほどである。人類が新しい強力なツールを得たことに間違いはないが、はたして私たち働き手に置き換わり、ビジネスのあり方を一変させる破壊力を持つのだろうか。生成AIの特性や影響を概観し、企業が有効活用するための要諦や日本にとってのチャンスについて考察する。

なぜ生成ＡＩに注目が集まっているのか

生成ＡＩの特徴は何といってもユーザーの裾野が広いことだ。これまで企業向けに限定されていたＡＩ活用が社会全体に広がり、情報の要約から、旅行計画へのアドバイス、レポート作成の支援、ＳＮＳに公開するコンテンツの制作、プログラムの開発に至るまで、老若男女が幅広い用途に利用しはじめている。

その背景にはＬＬＭ（大規模言語モデル）などの基盤モデルの進化があり、それによってプログラミングなど専門知識がない人でも通常の言語で簡単に利用できるようになった。テキスト、画像、映像、音声、ソースコードなど多様な形式でアウトプットでき、応用範囲が広い。

ＡＩ活用の障壁となりやすかったデータの準備や専門人材にも変化が生じている。これまでは、そもそもデータが存在しなかったり、データのクレンジング（品質を高めるための修正・調整）が必要だったが、自然言語を処理できる生成ＡＩであれば、データ整備や事前処理の手間が大幅に省ける。また、従来のＡＩ構築は技術的に難度が高く、ＡＩ人材の確保に苦労する企業が多かった。生成ＡＩは最初からそれなりに学習を積んだ状態なので、高度な専門知識がなくても扱える。このような手軽さもあって、生成ＡＩは普及しや

図表 2-1
想定される生成AIの市場規模[1]は2027年には1200億ドル

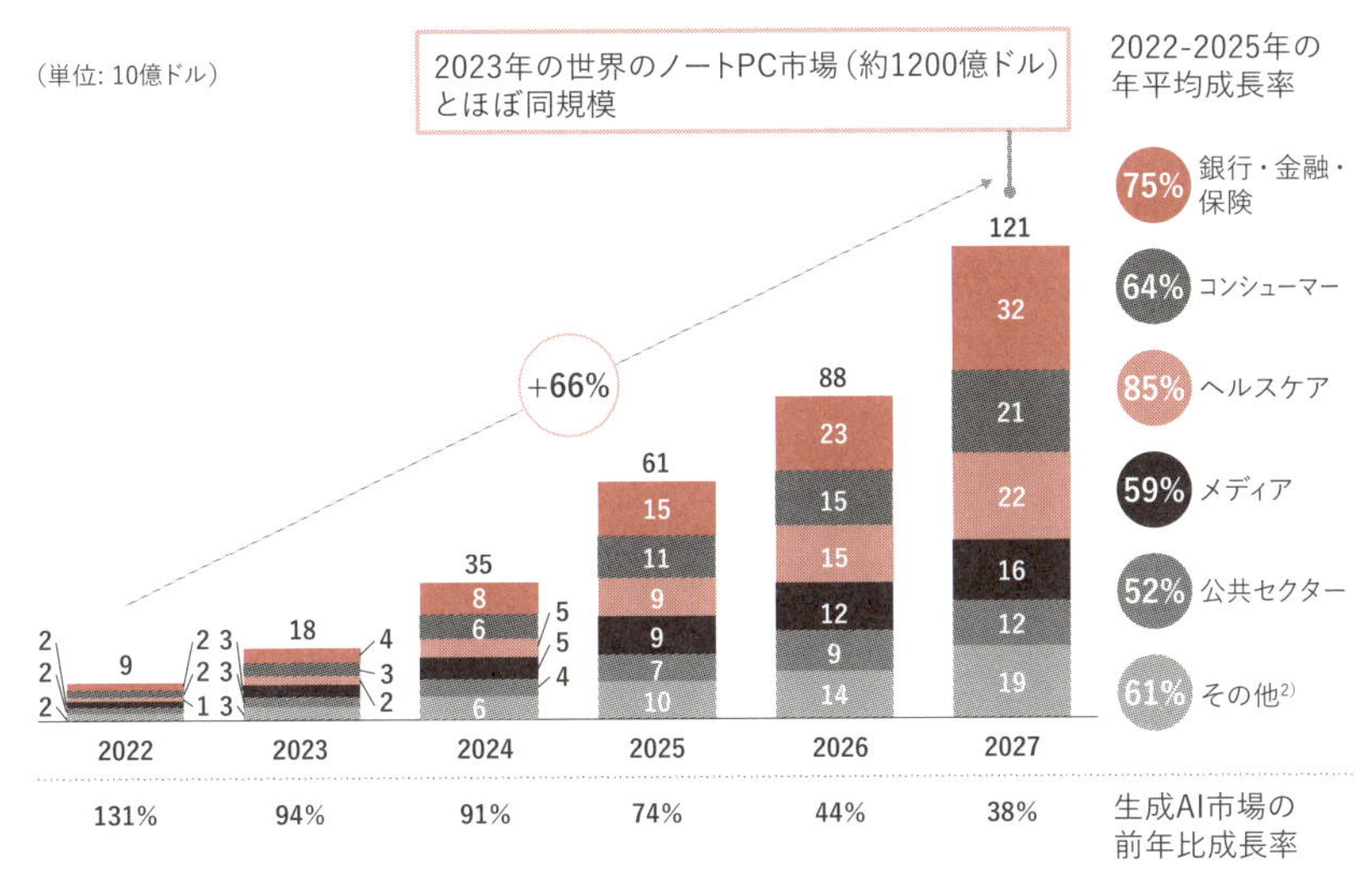

1：TAM=Total Addressable Market、獲得可能な最大の市場規模、現段階の生成AIがサービスを提供できる全市場の規模
2：その他には、産業財、エネルギー、電気通信の各市場を含む
出所：AI TAM research; Statista; 専門家へのインタビューを基にボストン コンサルティング グループ分析

すい状況にある。

ノートパソコンに匹敵する市場規模

　ＢＣＧの分析では、２０２７年に生成ＡＩは１２００億ドルの市場規模まで拡大することが見込まれている（図表２－１）。これは２０２３年のノートパソコン市場と同じ規模である。ただし、これは初期的な見通しであり、過去の成長スピードを考えると、ノートパソコン市場を凌駕する可能性がある。

　どの業界でも高い成長性

が見込まれているが、特に立ち上がりが早いのは金融とヘルスケアだ。銀行や保険会社など金融業界はもともと電子取引などの情報化で先行する一方で、社内では書類作成をはじめとするホワイトカラーの業務が多かった。またヘルスケア業界の場合、製薬会社による創薬の研究・開発、医療機関の生産性の向上などで、すでにＡＩの適用が進んでいる。このほか、生成ＡＩが得意とする情報処理やコミュニケーションを多く利用する業界を中心に導入が加速していくだろう。

先行企業はどう取り組んでいるのか

メディアで「司法試験に合格できるレベル」などと報じられる生成ＡＩは、実際にはまだＡＧＩ（汎用人工知能）へと進化する途中段階ではあるが、その過程において大きく歩を進めた。経営者はこの進化を競争優位性構築の機会と捉え、すぐにでもビジネスプロセスやビジネスモデルの変革に取り組まなければならない。もはや待ったなしの状況といえるだろう。

当然ながら、生成ＡＩさえ導入すれば、すべてが自動化されたり生産性がすぐに上がったりするわけではない。

たとえば、ダイナミックプライシング（価格変動制）、マーケティング費用の最適化、需要予測など、数字を扱って計算する領域は、従来型の機械学習ベースのAIが得意とするところだ。一方、生成AIは文書の生成、デザインの原案作成、自然言語によるコミュニケーション、シミュレーションなど、表現やユーザーインターフェースにおいて大幅な利便性の向上をもたらす。したがって、ユーザーインターフェースでは生成AIを使い、裏では別のAIやルールベースのエンジンが動いているというように、特性の違いを踏まえながら適切に組み合わせて、適材適所でどう用いるかを考えていく必要がある。すでにデジタルトランスフォーメーションに着手、推進してきた先行企業は、生成AIの効果的な適用機会を見出し、変革を加速させようとしている。

先進的な業界の活用事例

生成AIの活用が進んでいる業界・領域における取り組みを少し具体的に見てみよう。

金融業界は他の業界に先駆けてAIの導入に取り組んできた。フィンテック企業やテクノロジー企業も金融サービスを提供するようになり、金融機関はデジタルを活用して競争力を強化する必要性が生じている。同時に、各種規制や不正への対応といった内部管理を効率的に強化することも強く求められている。管理業務の増加に人員増で対応すれば「本部の肥大化」を招いてしまうが、それを避ける意味でも、情報収集、処理、判断といった人に依存する業務の効率化へのニーズが高い。

生成ＡＩによって経営関連指標の解析や、経営に必要とされる情報の収集・整理などの業務の代替が進められれば、現在より相当少ない人数で経営の意思決定に必要な本部機能を構築することが可能になるだろう。

先進的な銀行や生命保険会社では、営業の提案力を強化することを目的とした生成ＡＩの適用が注目されている。顧客が情報を味方につけて賢くなり、単なる商品性だけでは他社との差別化が難しくなる中、営業の提案能力とスピードを高めていくことがこれまで以上に求められている。

ＡＩでデータを分析して「どの顧客に、どのような商品を、どのようなタイミングで提案すればよいか」を営業担当者に示すことは従来も行われてきたが、生成ＡＩに期待されているのは、顧客に提案する商品設計や訴求のためのトーク内容自体を提案することである。複雑なメニューの中から顧客に最適な商品を導き出すことで、人間では気づかなかった商品提案の機会や顧客のニーズを捉えて、顧客満足度をさらに高められる可能性がある。

研究・開発の領域における機会の探索や設計への活用は、すでにさまざまな業界で取り組まれている。

たとえば、製薬業界における創薬だ。創薬のプロセスは、治療したい疾患の発症や進行にかかわる分子を薬の標的として特定する工程と、その働きを抑える物質を探し出し、新薬の候補として設計する工程とに大きく分けられる。新薬候補の探索ではＡＩでデータベースを解析して効率化を図りつつ、設計には生成ＡＩを活用することで、候補物質をより速く、最適に設計できるようになり、治験の成功率を高めることも期待されている。

この観点で、半導体大手のエヌビディアは創薬向けの生成ＡＩプラットフォームを提供している。製薬の研究者はこれを独自のデータで微調整でき、新たな分子構造の生成や予測などに活用することで、時間とコストのかかる医薬品候補の開発を大幅に短縮できる可能性がある。恩恵は、効率化だけではない。人間の発想を超えた思いがけない構造を生成ＡＩが提案する可能性も高い。

テクノロジー業界でも活用が進んでいる。ソフトウエア開発はタイム・トゥ・マーケット（製品を市場に投入するまでの時間）の面で常に厳しい競争下にあり、開発エンジニアのコストも大きな負担となっている。そこで、生成ＡＩのコード生成能力を活用して、ソフトウエアの品質を上げたり、コーディングの生産性を高めたりする取り組みが始まっている。生成ＡＩでソフトウエア開発を支援するサービスは数多く誕生しており、〝エンジニアいらず〟の開発ができるノーコードサービスが提供されている。

ＢＣＧの分析では、生成ＡＩによるプログラミング支援ツールを活用することで、ソフトウエア開発の生産性は30～50％向上する見込みだ。業界のコスト構造を大きく変えるインパクトがあり、同時にベンダーとの関係性にも影響を及ぼすことになるだろう。

生成ＡＩは「キーワードを入れて、情報を一つひとつ自分で確認して、取捨選択していく」という従来の情報検索プロセスを大きく変える可能性もある。情報や商品を探すことが顧客の負担となりうるサービスは、顧客体験の設計を見直さざるを得なくなるだろう。

オンラインで食品宅配事業を行う米国のインスタカートでは、顧客とのチャット機能に生成ＡＩをいち早く導入している。従来のネットスーパーでは「閲覧する」「カートに入れる」「実際に購入する」という行動までいかないと、顧客の嗜好に関する情報がつかめなかった。生成ＡＩを組み込むことにより、顧客が「子どもの健康に良いお昼ご飯のメニューは？」などと質問すると、レシピや食材の提案が示される。気に入った提案を選ぶと、商品が自動でカートに入り、購入から配送まで、一気通貫のサービスが提供されるのだ。

さらに、チャットでのやりとりから、「子どもがいる」「健康を気にしている」など、嗜好を含めた顧客情報をつかむことができる。顧客が継続的に利用すれば、より多くのデータが蓄積され、パーソナライズの精度が高まり、潜在的なニーズを捉えた提案の余地が広がる。たとえば、冷蔵庫の写真データを解析して、自宅の食材を最大限活用したレシピを提案し、足りない食材のみを配送するようなサービスも考えられるだろう。

このように、生成ＡＩは購買プロセスや顧客体験を変える可能性を秘めている。

生成ＡＩは人々の働き方を変える

歴史を振り返ると、テクノロジーによって人の働き方は大きく変わってきた。特に、産業革命では機械化が一気に進み、インターネット革命でも仕事の進め方が一変した。ＡＩの場合も同じく、人々の役割や求められるスキルを変えていくだろう。ただし、異なる点もある。これまでは数十年から１００年近くかけて、新しいやり方に徐々に適応していけばよかった。しかし、ＡＩは日々進化しており、かなり短期間で大きな変化が起こりうる。企業も人も、このスピード感の違いを踏まえて準備しておかなければならない。

知的作業へのインパクトは大

生成ＡＩのインパクトとしてよく指摘されるのが、ホワイトカラーの情報処理や判断に関わる業務が大きく変わることだ。これまでの業務では、過去の成果を調べて、同じ手順で作業を進め、レポートや資料などを作成することに多くの時間を使っていた。その部分が生成ＡＩに置き換わるとすれば、人間の役割はその前後、つまり、生成ＡＩを用いて何を実現するのかというビジョンや目標を明確化したり、生成された成果物を点検して品質を担保したり、成果物から示唆を抽出し、意思決定や行動につなげていくといった業務になるだろう。それに伴って当然ながら、求められるスキル要件も変わり、特に戦略的思考、クリティカルシンキング（批判的思考）、変化への適応力が一層重視されるようになる。

一般社員だけでなく、デジタル人材に要求されるスキルも変化する。システム開発者やデータサイエンティストなどのプログラミングスキルに加えて、生成ＡＩアルゴリズムと手法の理解、基盤モデルのトレーニングと検証、生成ＡＩモデルの微調整、サードパーティモデルの知識、プロンプトエンジニアリング（ＡＩから的確な回答を得るために、指示や命令を設計・最適化するスキル）などが必須スキルとなるだろう。

ホワイトカラーの生産性向上は序の口にすぎない

生成ＡＩを使った議事録や要旨の作成など、ホワイトカラー業務を代替するだけでは、企業にとって本質的なインパクトにはならない。それよりも重要なのは、生成ＡＩと他の技術をいかに組み合わせるかである。たとえば、工場で機械に指示を出すインターフェースでは生成ＡＩを用いるが、裏でロボットが自動的に動くようになっていれば、ブルーカラーの仕事にも影響が及ぶ。あるいは、先ほどのインスタカートの事例であれば、最終的に自宅にロボットを置いて、調理まで自動化するモデルが可能になるかもしれない。

バリューチェーン全体で役割を見直し、どこまでテクノロジーを適用して自動化するかを検討することが非常に重要であり、それによって、より付加価値の出せる業務プロセス、抜本的な顧客体験の刷新、ビジネスモデルの転換にまで発展する可能性がある。それを徹底的に追求していった企業が頭一つ抜け出し、大きなインパクトを実現できるだろう。

日常的に使う人ほど楽観的

生産性向上や労働力不足などの課題を抱える企業にとっても、生成ＡＩの活用は有効な解決策となりそうだが、前回のＡＩブームでは、従業員の間で「ＡＩに仕事を奪われるのではないか」という不安の声も上がった。従来型ＡＩ以上に利用のハードルが低くなった生成ＡＩについて、ビジネスパーソンはどう受け止めているのだろうか。

ＢＣＧは２０２３年に、世界18カ国、約１万３０００人の経営層、管理職、現場従業員を対象にＡＩ（生成ＡＩも含む）活用に関する意識調査を実施した。すると、５年前の調査結果と比べて、ＡＩが仕事に与える影響について「楽観的である」と答えた割合が上昇し、「懸念している」割合は減少していた（図表２－２）。楽観視する傾向はＡＩの使用頻度に比例しており、日常的にＡＩを使う人のほうが、一度も使ったことのない人よりも楽観的に受け止めていた。生成ＡＩに触れる機会が増え、より多くの人々が使い方に慣れてくれば、楽観的へとシフトする傾向がさらに継続すると予測される。

興味深いのが、社内の役割や国によって、受け止め方に温度差があることだ。経営層の

図表 2-2

「AIが仕事に与える影響」に対する意識上位5つを2023年と2018年で比較

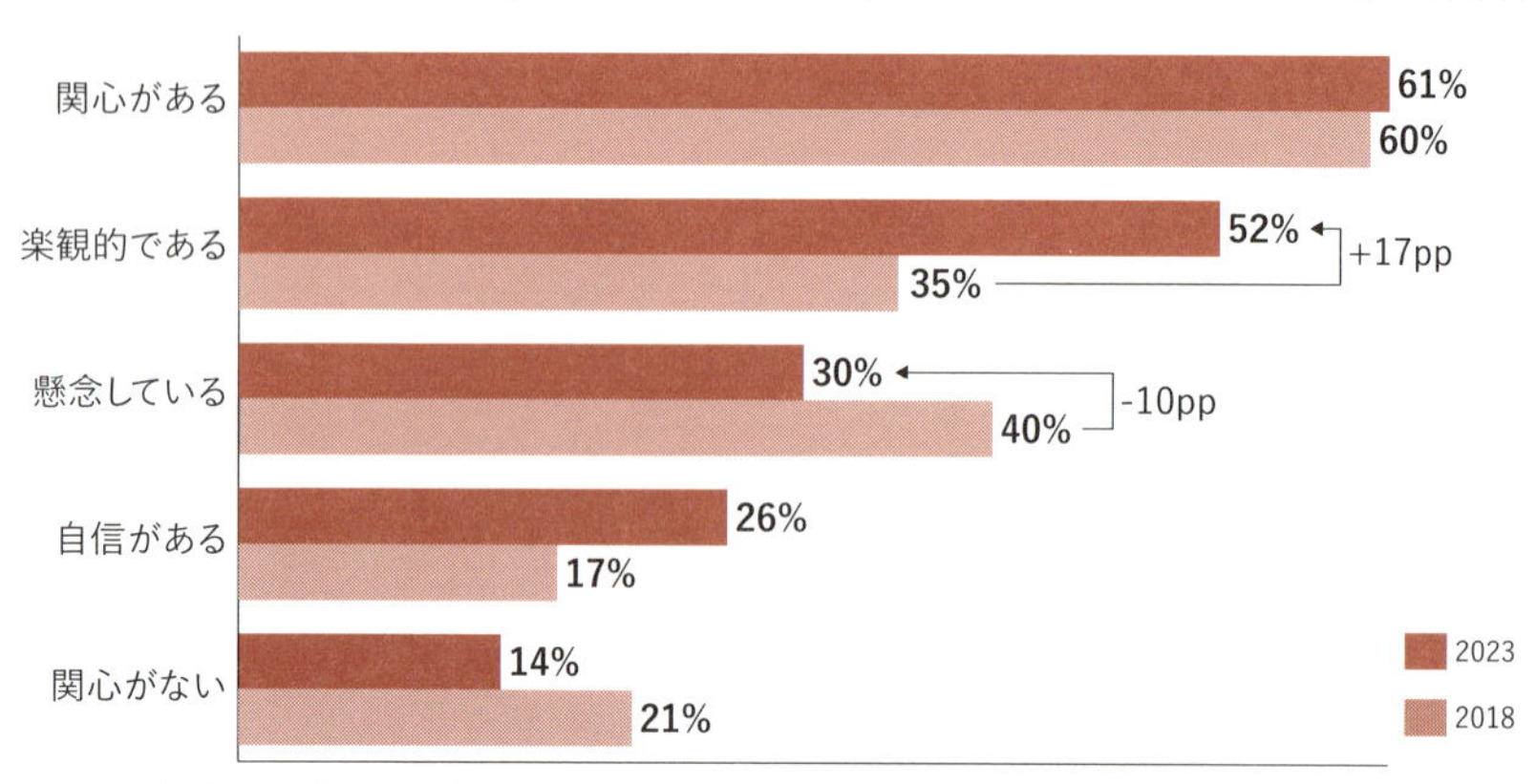

注：AIが仕事に与える影響に対する意識の上位2つのうち1つに位置づけた回答者の割合、pp = %ポイント
出所：ボストン コンサルティング グループ「AI Have No Fear survey」（2018年）、n = 7,077、7カ国 （カナダ、中国、フランス、ドイツ、スペイン、英国、米国）が対象；ボストン コンサルティング グループ「AI at Work survey」（2023年）、n = 12,898、18カ国 （オーストラリア、ブラジル、カナダ、フランス、ドイツ、インド、イタリア、日本、クウェート、オランダ、ニュージーランド、オマーン、カタール、サウジアラビア、スペイン、アラブ首長国連邦、英国、米国）が対象

6割が楽観的であると回答したが、現場従業員では4割にとどまった。逆に、懸念している割合は、経営層よりも現場従業員のほうが高かった。

国別で比較すると、ブラジルやインドなどは楽観的な傾向がある一方で、日本は懸念を示す割合が高かった（図表2－3）。楽観的な割合が最高の国と最低の国では31%ポイントの差があり、グローバルに展開する企業は留意する必要がありそうだ。

仕事を失うことへの懸念を示したのは全体の36%の人々である。AI時代の職場環境に向けてアップスキリングが必要だと感じてい

図表 2-3
職場におけるAI活用に対する意識は、各国で大きく異なる

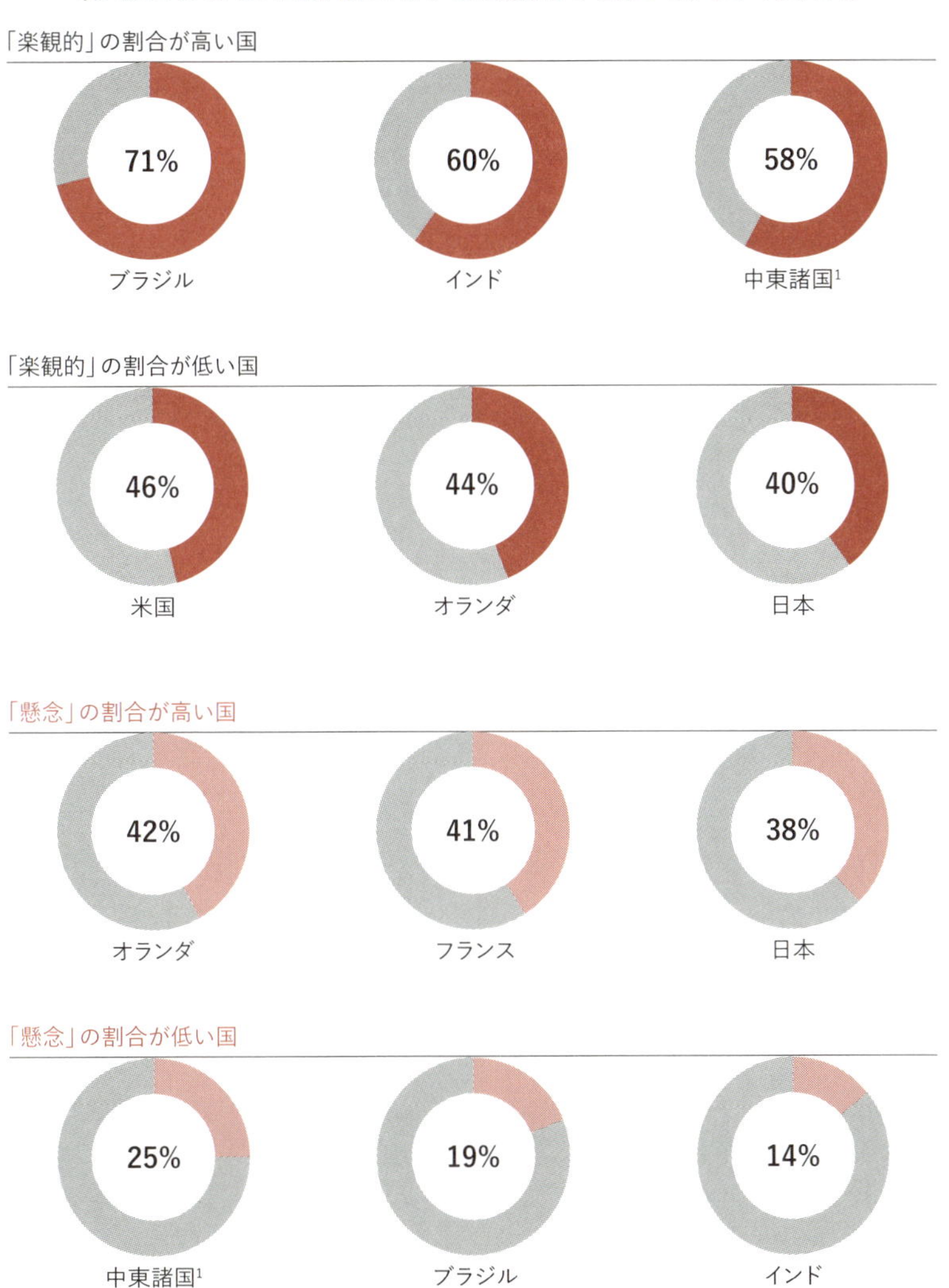

1：サウジアラビア、アラブ首長国連邦、カタール、オマーン、クウェート
注：「楽観的である」/「懸念している」を、AIが仕事に与える影響に対する意識の上位2つのうち1つに位置づけた回答者の割合
出所：ボストン コンサルティング グループ「AI at Work survey」(2023年)、n = 12,898、18カ国（オーストラリア、ブラジル、カナダ、フランス、ドイツ、インド、イタリア、日本、クウェート、オランダ、ニュージーランド、オマーン、カタール、サウジアラビア、スペイン、アラブ首長国連邦、英国、米国）が対象

る人は86％にのぼった。実際にそうしたトレーニングを受けたことがあると回答したのは、経営層が44％だったのに対し、現場従業員は14％にとどまっている。これは見過ごせないギャップであり、企業は従業員がうまく使いこなせるように、アップスキリングやリスキリングの機会を設けるなどの対応を考えなくてはならない。

前述したように、生成ＡＩは多様な人が利用できるため、情報流出、悪用、間違った情報にだまされることも起こりうる。リテラシーの観点を含めて、社会全体で利用の仕方を検討すべきであり、実際に回答者の79％がＡＩに特化した規制が必要だと考えている。

なお、「企業は責任あるＡＩ活用ができているか」という質問への回答では、役職による違いが見られた。「適切に活用できている」と考えているのは経営層が7割に対し、現場従業員は3割と少なく、より否定的に状況を捉えていた。企業としては、ＡＩを安全に使用できることを担保しつつ活用を促し、そのポジティブな影響を実感してもらうことで、ＡＩに対する前向きな組織文化の醸成を目指していく必要がある。

企業が検討すべき5つのポイント

生成ＡＩはさまざまな可能性を秘めている半面、急速に進化を遂げるテクノロジーであり、短期的な過剰期待、長期的な過小評価に陥りやすいという点で、経営者の頭を悩ませる。どのタイミングで、どこから着手すればいいのか、打つ手を見極められずに戸惑っている企業も多いだろう。

企業が生成ＡＩとうまくつきあうためには、「戦略」「学習／トライアル」「組織」「トラスト」「技術」という５つの観点で検討するとよいだろう（図表２－４）。最初はお試しで学習すればいいと、戦略や組織は整備せず、情報管理も後手に回る企業が多いが、最初からこの５つの要諦を押さえたうえでスタートを切ったほうが、より高い効果が望める。

ポイント１　戦略を立てる

まず考えたいのが、どこに適用すれば価値が出るか、どのユースケースで自社が差別化できるのか、という点である。オペレーションを変えて、生産性を高められるか。顧客の購買行動がどのように変化する可能性があり、それにどう対応するか。自社のビジネスモデルはどう変わり、自社の競争優位性の構築にどう活用できるか。過剰期待と過小評価を避けるように意識しながら、どのタイミングでアクセルを踏み、どのような時間軸で投資を行い立ち上げていくか、その機会とタイミングを最初にしっかりと構想しておく。

ポイント２　学習／トライアルを実施する

新しいテクノロジーは実際に体験してみないと、正しく理解できないものだ。機能が不

図表 2-4
生成AI導入にあたり企業が検討すべき5つのポイント

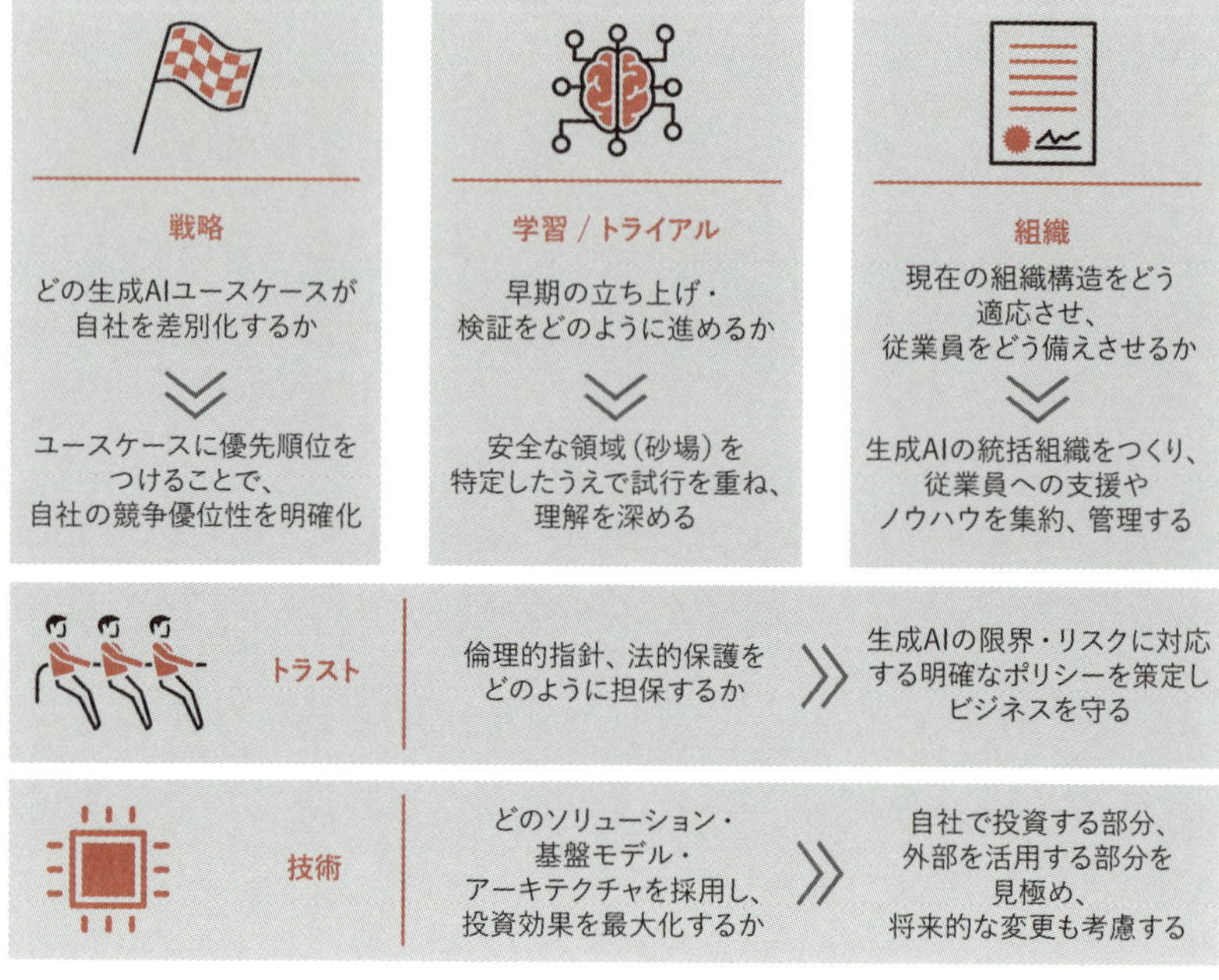

出所：ボストン コンサルティング グループ

完全だからと待っていても、いつ最終形が出てくるのかはわからない。今あるものを早期に試して、適用可能性と適合性を評価し、自社にノウハウを蓄積し、判断力を養ったほうがよい。また、ＡＩに関するトライアルからの学習が組織的に集積され、活用の精度を高めていく好循環の構築がカギとなる。

トライアルの際には「安全な砂場（サンドボックス）」が必要になる。情報漏洩やセキュリティ事故を防ぎながら、安全に試行や実験ができる隔離された環境を用意しなくてはならない。

生成ＡＩの活用時に留意したいのが「ハルシネーション」、つまりもっともらしい誤答だ。私たちは、「機械は正確であり、常に正しく振る舞うように制御されている」と思い込みがちだ。そうした暗黙の前提やバイアスを取り払って、生成ＡＩは事実と異なることを堂々と回答する場合があることを念頭に置いておかなくてはならない。

特に生成ＡＩを試す場合には、ただテキストボックスに質問を投げるだけでは期待した答えは返ってこないため、「あまり使えない」という評価になりやすい。そうした落とし穴に陥らないように、明確な目標設定と、ベースとなるプロンプトエンジニアリングや評価検証などの準備をしなくてはならない。

ポイント3　統括組織をつくる

新しいノウハウや知識に関わることなので、活用する情報を1カ所に集め、知見を集約し、ガバナンスを効かせるために、生成ＡＩの統括組織をつくることを勧めたい。よく見られるのが、各部門で個々人が好き勝手に生成ＡＩツールを試すような放任スタイルのやり方だが、これでは企業としてのノウハウが蓄積されない。また、社内でＡＩが間違った学習を進めてしまっても、有効な手を打つことができなくなる。活用範囲をやみくもに拡げたり、現場ごとに自由研究活動が立ち上がる状況は避けなくてはならない。

ＡＩへの各取り組みから得た成果を全社へと拡張するためのコントロールタワーとなる中央組織をつくり、技術支援、規制、利用促進、検証、データ管理などの機能を与えて、責任を持って推進できるようにすることが重要だ。

ポイント4　トラスト（信頼）を確立する

ＡＩを安全かつ適切に利用・運用するためには、従来の情報セキュリティのガイドラインや仕組みだけでは不十分である。特に生成ＡＩは社会的な影響が大きいだけに、法規制などにも注意を払わなくてはならない。データのライフサイクル全体（生み出されてから消去されるまで）を管理するとともに、生成された情報やコンテンツの利用についても責任を持てるように企業として情報管理レベルを引き上げ、ＥＬＳＩ（倫理的、法的、社会的な課題）の観点から常に社内のポリシー、ガイドライン、運用方法を見直していくことが求められる。

ポイント5　技術を見極める

生成ＡＩで先行するオープンＡＩや、マイクロソフト、グーグル、アマゾンなどプラットフォーマー企業が生成ＡＩサービスをクラウド経由で提供している。最初の一歩として、ひとまずはこういったサービスを試してみればよいと考えている企業が多いかもしれないが、技術の進化は速く、世界中のスタートアップやテクノロジー企業がさまざまなソリューションを生み出している。

主要なソリューションのうちどれを選択するか。今すぐ始めるのか、ソリューションが成熟するまで待つのか。基盤モデルは自社で持つか。複数部署でどのように利用するか。重要データを活用する際のセキュリティやアーキテクチャをどうするか。ベンダーロックイン（システムの開発や保守を特定のベンダーに依存してしまい、他社製品への切り替えが難しくなること）は大丈夫か……このように、技術面の検討項目は非常に多い。

基本的な考え方は、自社にとって重要な戦略領域に関しては積極的に投資を行い、それ以外については戦略的に外部を活用することだ。また、どの会社でも扱う汎用的な業務については、自社で開発するよりも、良いソリューションが出てきた段階で導入すればよい。

全体のコストインパクトのシミュレーションを行い、最適な技術ソリューションを適用領域、タイミングに合わせて選択し、将来的な変更や拡張性を担保する必要がある。

日本としての勝ち筋

生成ＡＩは、日本企業の特性や産業の強みと相性が良い。活用の仕方によっては、日本が抱える課題を解く大きなチャンスになると私たちは考えている。そのためには国レベルで施策を検討し、企業をサポートしていく体制も欠かせない。日本企業、日本社会に期待されるポジティブな見通しを示して締めくくりたい。

ＡＩと日本が強みとする領域を組み合わせる

生成ＡＩは「日本的コミュニケーション」との相性が良い。日本企業の特徴は、ルールを明確に定めず、いわゆる阿吽（あうん）の呼吸やすり合わせを通じて思案を重ね、きめ細かなサービス提供やモノづくりを行っていくところにある。それは顧客の要求との向き合い方や高い品質管理に表れており、日本企業の伝統的な強みであり続けてきた。自然言語処理が圧倒的に優れている生成ＡＩは、日本特有の「曖昧さ」を含めてアイデアを具現化していく際のよい壁打ち相手となりえ、日本企業は強みをさらに磨いていく道が考えられるだろう。

たとえば、製造業と生成ＡＩの組み合わせという観点で、「マテリアルズ・インフォマティクス（ＭＩ）」が注目を集めている。ＭＩは、機械学習や統計分析などの手法を用いて大量のデータを利用し、有機・無機・金属材料などさまざまな材料開発を効率化する取り組みだ。現在は、各社とも特許などの公開データを用いて、開発の過程に生成ＡＩによるシミュレーションを織り交ぜながら新素材を探索する動きが活発化している。

しかし、生成ＡＩの利用は参入の敷居が低い。使用するデータも各社横並びであれば、探索の段階ではほとんど差別化が期待できないことになる。ＡＩを駆使して有望な素材が見つかっても、実験を成功させて製造工程にまで落とし込めなければ、ビジネスとして価値を出すことはできない。探索といった試行錯誤はＡＩを駆使して効率化しつつ、実験・製造過程や品質・サービス提供では日本の伝統的な強みを活かす方向を見据えておくことが重要だ。

従来型ＡＩやロボットなどのハードウエアと生成ＡＩの組み合わせにも大きな期待が持てる。生成ＡＩが指示出しを担い、物理的な業務を行うところまで進展させられれば、たとえば介護や警護、調理といった業務への導入が見込まれる。そこに、日本企業が強みとする多様なニーズへの対応力が加われば、従業員や顧客にとっての生産性や利便性が一気に向上する可能性がある。

信頼性の高いデータの整備は不可欠

ＡＩに学習させるためには、良質なデータが不可欠だ。信頼性の高いデータを整備しておかなければ将来的にボトルネックになる可能性があるため、国としてのデータ戦略と整合性を持たせておく必要がある。

これまで国が優先的に整備を進めてきたのは、マイナンバーなどの国民ＩＤ、事業者ＩＤ、土地台帳など、ベースレジストリと呼ばれる基本データだ。今後はさらに医療、教育、防災、農業などの準公共セクターでデータの標準化を進めていく必要がある。自動車、製造業、物流などの業界では、民間主導でデータを標準化したほうがよい。また、生成ＡＩの場合、必ずしも構造化されていなくてもデータを活用できるため、国会図書館、論文、企業保有分も含めて、高品質なデータをいかに収集、蓄積、アーカイブ化、公開するか、検討が必要になるだろう。

産業レベルの「ゴールデンユースケース」を特定し加速させる

新しいテクノロジーの開発はスタートアップなどが主導することが多いが、国家レベルでの競争も見逃せない。戦略的な基盤モデルの構築と保有は、日本の産業にとって経済的にも、競争面でも、大きなインパクトを出すことができる。

その実現には、各産業で生成ＡＩによって大きな経済効果を創出できる産業レベルの

「ゴールデンユースケース」を特定し、国がインフラや基盤からアプリケーションまで加速させる政策を打つという形が理想だ。

参考になるのが中国である。領域ごとに中心となる企業を選定して、標準的なプラットフォームをつくる政策をとっている。保険では平安（ピンアン）、通信ではファーウェイが選ばれて医療や自動運転に関するプラットフォームを立ち上げ、そこに他のスタートアップが相乗りしている。見方によってはえこひいきともとれるが、そこまで振り切って重点領域の競争力を高めようとしている事実は見逃せない。

日本として優位性をつくるためには、勝負すべき産業・領域で戦略的にプラットフォームを明示し、データの標準化を進め、自由に開発ができる環境を整えて、利活用を加速化させていく必要がある。また、規制によってイノベーションが阻害されないように、規制改革を行ったり前述したサンドボックスなどの仕組みを整備したりすることも重要である。

現在はチャットＧＰＴのように業界横断で有効な大型の汎用モデルが主流だが、今後は特定の業界に特化した多様なモデルが登場してくるだろう。誰にでも使えるという生成ＡＩの大きな特徴がＡＩ活用のハードルを下げたことで、さらに多くの企業にとってビジネスに手軽に取り入れやすい環境が整っていくと考えられる。すなわち、自社だけでなく競合も顧客もＡＩを活用する時代に入ったと理解する必要がある。

デジタルトランスフォーメーションやＡＩ企業への変革を推進してきた企業は、生成ＡＩにより変革を加速させ、さらなる優位性の構築を狙えるだろう。これまでデジタル化で後れをとっていた企業も、巻き返しを図る絶好のタイミングと捉え、ＡＩ戦略にいま一度取り組む契機としてほしい。

Chapter

3

サーキュラーエコノミー

——気候変動の次は生物多様性が問われる

森田 章 Morita, Akira

ＢＣＧマネージング・ディレクター＆シニア・パートナー
慶應義塾大学理工学部卒業。同大学大学院理工学研究科修了。

ＩＴ関連企業の起業・経営、外資系コンサルティングファームを経て現在に至る。

ＢＣＧ消費財・流通プラクティスの日本リーダー。気候変動・サステナビリティ・プラクティスにおける循環型社会構築、および食料システムの変革のトピックリーダー。

共著書に『ＢＣＧが読む経営の論点２０２３』（日本経済新聞出版）など。

佐野 徳彦 Sano, Norihiko

ＢＣＧパートナー＆アソシエイト・ディレクター
東京大学理学部卒業。同大学大学院理学系研究科修了。
ＢＣＧ消費財・流通プラクティスのコアメンバー。
食料システム等における社会貢献・サステナビリティを専門とする。
共著書に『ＢＣＧが読む経営の論点２０２０』（日本経済新聞出版）。

2024年に向け企業が新たに取り組みを迫られている地球規模のテーマが「生物多様性」である。気候変動の影響は、大雨や洪水などの自然災害の激甚化を目の当たりにして実感している人も多いだろう。

しかし、生物多様性の毀損が自分たちの生活や企業活動にどう影響するかはイメージしにくい。ここでは、企業が生物多様性というテーマとどう向き合えばよいかを紐とき、その一つの解決策としてサーキュラーエコノミーというアプローチを紹介していく。

新しい経営アジェンダ「生物多様性」

この1年、新たな経営課題として注目度が高まっているのが「生物多様性」である。人類が生存できる安全な活動領域とその限界点を定義した「プラネタリーバウンダリー」という概念がある。地球というシステムを気候変動や土地利用の変化など9つのサブシステムに分けて限界点を表したもので、そのうち生物多様性はレッドゾーン（一定レベルを超えると回復がきわめて困難になることを意味する）で表示されている。

私たちが連想しやすいのは絶滅危惧種の動植物だ。しかし、特定の種を保全することだけを考えるべきではない。重要なのは、生態系へのダメージや動植物の生息地の破壊を防ぎ、全体としての生物多様性を守ることだ。生物多様性が損なわれ続ければ、私たち人類も食料や水、気候の安定に関わる生態系がもたらす恩恵を持続的に受けられなくなる。

直近の株主総会では、投資家から「御社は生物多様性の問題をどのように考えて取り組んでいるか」と問われ、対応に苦慮した企業も多く見られた。２０２３年９月には自然関連財務情報開示タスクフォース（ＴＮＦＤ）による情報開示の枠組みの最終版が公表され、開示に向けた準備に悩んでいる企業もあるだろう。

TNFD（Taskforce on Nature-related Financial Disclosures）は、企業に対し自然に関する情報開示を促し、世界の資金の流れを自然環境にとって良い影響を与える方向に変える枠組みを構築するために設立された国際組織、また枠組みそのものを指す。企業に気候変動関連リスクなどの開示を求める気候関連財務情報開示タスクフォース（TCFD）の「自然版」といえる。

生物多様性をめぐっては、2022年12月に開催された国連生物多様性条約第15回締約国会議（COP15）で「昆明・モントリオール生物多様性枠組み」が採択され、「30 by 30」（2030年までに陸域と海域の30％以上を保全する。現在、世界で陸の17％、海の10％が保全されており、これを引き上げる）などの具体的な行動目標が設定された。

気候変動は「引き算」だが、生物多様性が加わると「複雑系」へ

気候変動対策に比べ、生物多様性のほうが企業にとって取り組みの難度は高い。気候変動対策の多くを占める脱炭素化への取り組みは、自社が排出している炭素量を計測し、何十％減らすという目標を掲げてアクションをとる「引き算」方式で解を導き出せるのに対し、生物多様性はそう簡単にはいかない。川の上流の生態系に問題が生じると、下流の生態系にも影響が及ぶように、さまざまな要素が相互に絡み合う「複雑系」だからだ。因果

関係の解明が難しいため、気候変動のように一つの指標で測定するのが困難である。

また、生物多様性は、地域性が高いという点でも厄介だ。気候変動であれば、排出権取引などの共通の仕組みにより社会的コストの負担をめぐるグローバル共通の落としどころを見つけられる可能性があるが、生物多様性は地域ごとに課題やその解決策が異なる場合が多く、より難しい判断が求められる。

さらに、気候変動と生物多様性が相互に関係し合うことも重要なポイントだ。たとえば、生物多様性が失われると、生態系による気候の調節機能や制御機能が低下し、気候変動が進んでしまう。同様に、気候変動によって海水温度が上昇し、サンゴ礁などが死滅することもある。

気候変動対策と生物多様性が相反することも

企業が行っている環境問題への取り組みが、期せずして生物多様性に悪影響を及ぼすこともある。バイオエネルギーや太陽光、水力などの再生可能エネルギーへのシフトは、温室効果ガスの削減効果が見込まれ、積極的に進めるべきことというイメージがある。しかし実際には、バイオエネルギーは農業由来製品をより多く使用し、土地利用の変化を起こしやすいし、森林が農地に変わって農薬や肥料が多用されれば、生態系は破壊される。太陽光発電設備を海や陸に設置すると、周辺の生態系に影響が及ぶ。

図表 3-1
生物多様性の毀損の多くは、第一次産業で発生

生物多様性に対する産業別影響度

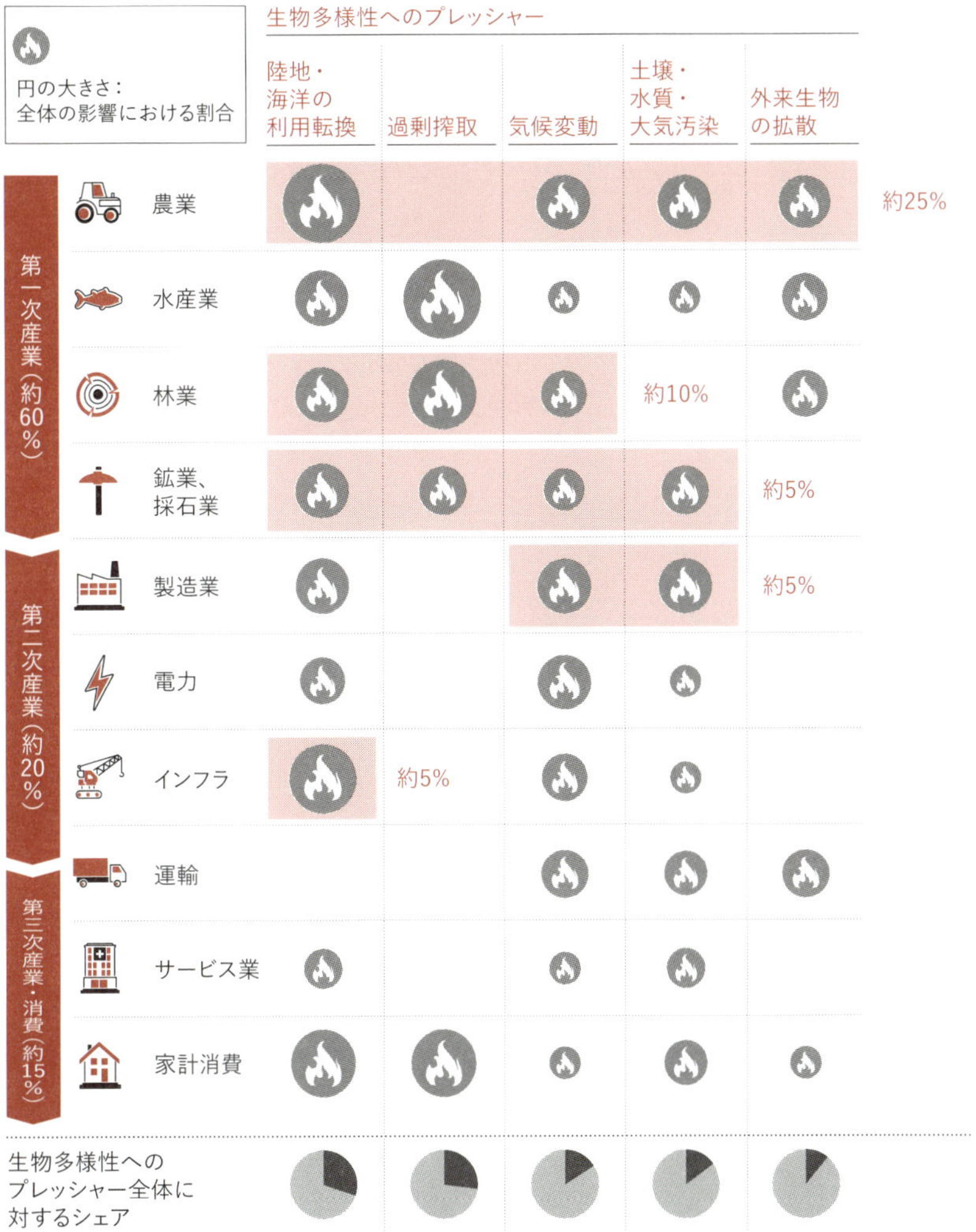

円の大きさ：
全体の影響における割合

生物多様性へのプレッシャー

		陸地・海洋の利用転換	過剰搾取	気候変動	土壌・水質・大気汚染	外来生物の拡散	
第一次産業（約60%）	農業						約25%
	水産業						
	林業				約10%		
	鉱業、採石業					約5%	
第二次産業（約20%）	製造業					約5%	
	電力						
	インフラ		約5%				
第三次産業・消費（約15%）	運輸						
	サービス業						
	家計消費						

生物多様性への
プレッシャー全体に
対するシェア

注：IPBES（生物多様性と生態系サービスに関する政府間パネル）のデータと、バイオームを均等に加重したものに基づく概算値で、気候変動の悪化は考慮されていない。円の大きさは、生物多様性を毀損する影響の全体に対する割合をほぼ反映しているが、それぞれの影響に対して占める割合が非常に小さい活動や違法な活動は考慮していない
出所：IPBES（2019）、ボストン コンサルティング グループ

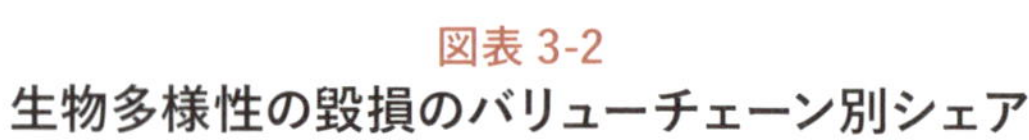

図表 3-2
生物多様性の毀損のバリューチェーン別シェア

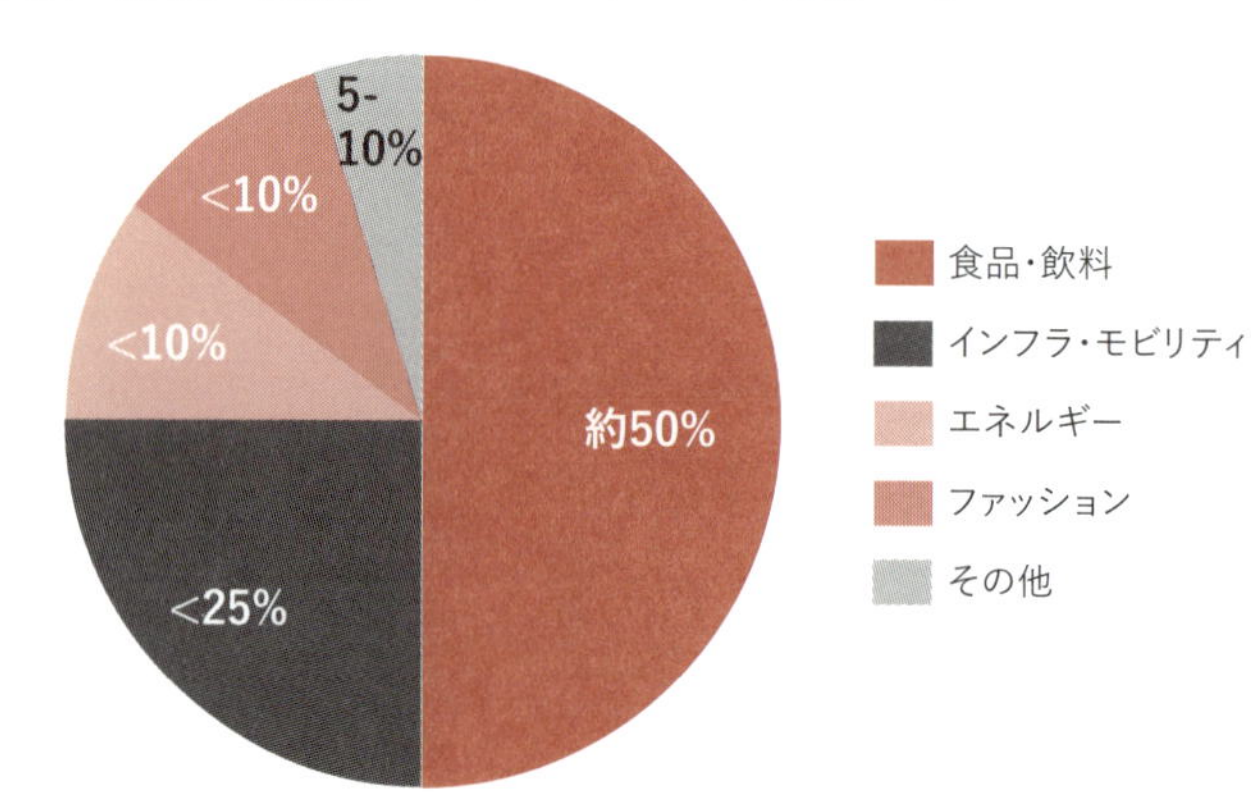

出所：IPBES（2019）、WWF（2018）、ボストン コンサルティング グループ分析

このような取り組みが一概に悪影響を及ぼすわけではないが、資源を利用する際にバランスを考えておかないと、気候変動にはプラスでも生物多様性にはマイナスという状況になってしまう。

生物多様性の毀損につながる要因は主に陸地・海洋の利用転換、過剰搾取、気候変動、土壌・水質・大気汚染、外来生物の拡散である。こうした毀損の多くは、農業25％、林業10％と自然に依拠して事業を営む第一次産業で発生する（図表3－1）。

しかし、それを原材料として加工製造する企業もまた無関係ではいられない。特に、生物多様性を毀損しているバリューチェーンとして割合が高い食品・飲料（約50％）やファッション（約10％）

は対応が急務だ（図表3－2）。

「複雑系」の解決策となるサーキュラーエコノミー

気候変動と生物多様性がどのようなメカニズムや時間軸で相互に影響を与えるかについては未解明な部分もあるが、関連していることは間違いない。したがって、双方の取り組みを一体で推進することの意義は大きい。

たとえばフードバリューチェーンの場合、資源採取・栽培に関して、土地利用の転換制限、再生農業、栽培穀物の輪作、持続可能な漁業などが行われている。製造加工では、水利用や温室効果ガス排出を抑えた製造や配送、消費段階では、プラスチック容器の廃棄物を減らす取り組みが進んでいる。

再生農業に注目する理由

このうち、私たちが特に注目しているのが再生農業だ。農産物を生産しながら、同時に土壌の質を高め、圃場（ほじょう）の生物多様性を回復させることで、圃場の生態系の中で窒素やリンなどの資源を循環させ、環境を再生しながら経済性を向上させるアプローチだ。

農地を耕さずに作物を栽培する不耕起栽培や堆肥の活用によって、有機物を含む豊かな

図表 3-3

再生農業は農家に利益増をもたらす

従来型農業に対する再生農業の利益の差（農家あたり。1年目より農法を切り替え）

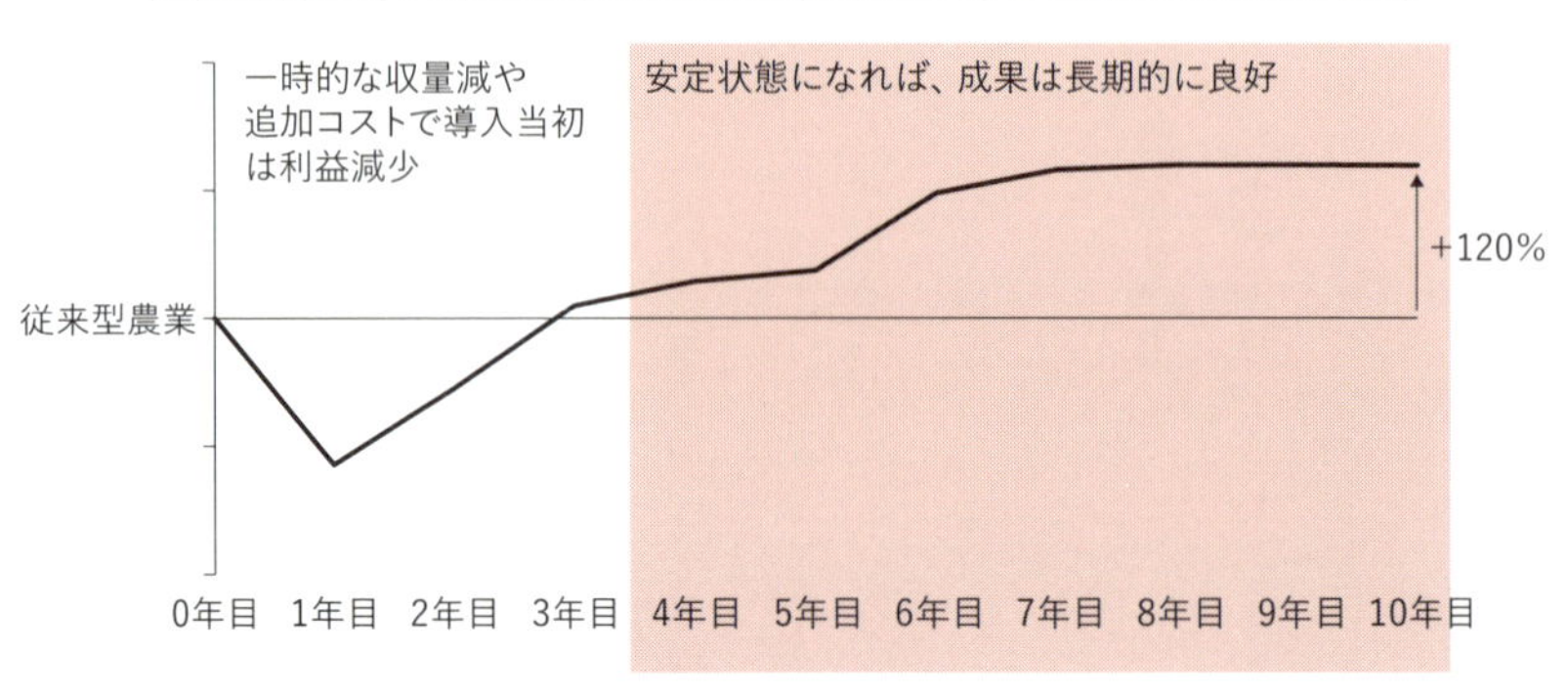

注：米カンザス州の小麦農家を対象に行った分析
出所：OP2B, WBCSD(持続可能な開発のための世界経済人会議)、ボストン コンサルティング グループの共同レポート「再生農業：より持続可能で高収益な一次生産の構築に向けて（2023年8月）」よりボストン コンサルティング グループ作成

土壌をつくったり、輪作で土の中の微生物の生態系を維持することによって土壌を修復したりする。それにより、痩せた土地では1％程度である炭素量を3％以上に向上させ、土壌炭素固定によってネットポジティブ（環境を改善する効果が損失を上回ること）に貢献すると同時に、より少ない手間と肥料・水で栄養価の高い作物を栽培できる。

再生農業によってつくられた圃場の生態系は、熱波や豪雨などの影響を和らげることもできるため、メーカーや小売の立場から見ると、今後異常気象が増える中で調達リスクの低減につながることも大きな魅力だ。これは気候変動への適応策（すでに進行中の気候変化による被害を防ぐための策。温室効果ガス排出量を削減する「緩和策」と並んで重要）ともいえる。

経済性の観点での効果も実証されている。生物多様性に関する国際ビジネス連合ＯＰ２Ｂ（One Planet Business for Biodiversity）とＢＣＧが米国カンザス州の小麦農家を対象に行った分析では、小麦の栽培を再生農業に移行すると、移行期に一時的に利益が減少するものの、長期的には従来型農業で想定される利益と比較してプラス１２０％（２・２倍）の利益をもたらす可能性がある（図表３－３）。

もう少しくわしく紹介しよう。再生農業を取り入れた場合、移行期には導入に伴う新たなコストが発生するため従来型農業よりも利益は一時的に下がる。しかし、輪作に導入する大豆から新たな収入を得られたり、農薬などを投入するためのコストが減少したり、輪作にトウモロコシを取り入れるとさらに多くの作物を販売できることなどにより、数年後に安定状態に入れば利益は増大する。

一方で、再生農業は一時的に収益性が低下するため、農家単独で実施することは難しい。この取り組みを、川下のメーカーや小売企業が川上である農家を支援しながら進めれば大きなインパクトが望める。再生農業は担い手にとっても魅力が高く、欧米では、労働集約的な従来型農業から環境によい農業にシフトすることで、若手の就農が進み、農業の労働力不足にも一役買っている。

ただし、日本では欧米で研究が進む手法をそのまま適用するのではなく、日本ならではの再生農業の手法・定義が必要である。アジアモンスーン気候には不耕起栽培は必ずしも適さない。また日本には、人の手が適切に入ることによって生態系が維持される里山文化のような、2000年以上の農業の歴史で培ってきた知恵があり、それを生かす試みも重要だろう。

これらのソリューションは一つだけではすべての問題を解決できないし、1社だけでは意味のある成果につながらない。複数の企業が手を組んで解決を図っていく必要がある。その際に、自社、気候変動、生物多様性に好ましい「三方よし」の解決策になりうるのが、サーキュラーエコノミー（循環型経済）の仕組みをつくって回すことである。

資源循環の仕組みを取り入れたゴム製品メーカー

再生農業も有機物の循環を利用している例といえるが、別の例として、あるゴム製品メーカーの取り組みを見ていこう。

この企業はもともと昨今の脱炭素の動きに合わせて、気候関連インパクトを低減させたいと考えていた。これまで原材料として天然ゴムと合成ゴムを使ってきたが、合成ゴムの製造工程では大量の化石燃料を消費する。

そこで最初に考えたのが、ゴムをつくるための化石燃料をバイオマス燃料へと代替して温室効果ガス排出量や大気汚染物質を減少させる案と、天然ゴムの調達比率を増やして製造工程での使用燃料を減らす案である。どちらも気候変動問題に対する効果が期待できるが、生物多様性の観点ではどちらも森林破壊につながる恐れがあった。第1案ではバイオ燃料をつくるために新たな農園が必要になる。第2案でも、増産に向けて天然ゴム林を拡大しなくてはならないからだ。

同社は最終的に、資源循環の仕組みを取り入れる第3の案を選んだ。一度使用した合成ゴムを回収して再利用すれば、原材料の新規調達を減らし、化石燃料の消費が減少する。気候変動対策として有効で、自然生態系を破壊するリスクも回避できる。

従来、ゴムのリサイクル品である再生ゴムは耐久性が低く、自動車タイヤやマットなど一部の製品にしか使用できなかった。しかし近年の技術発展に伴い、劣化なくリサイクル可能な新たな材料などが開発されている。実際には、元の製品より価値が低いものを生み出すダウンサイクルとの組み合わせを考えることも必要となる。

気候変動対策を生物多様性に貢献する手段としても使ったり、生物圏の再生を進めて気候変動対策のコストを削減したりと、両者をうまく連動させ、循環型でエコノミクスを成立させようという考え方は、国や関係団体の間でも主流になりつつある。気候変動対策と生物多様性への貢献を両立させる具体例として、林業と水ビジネスにおける取り組みを紹介しよう。

林業の循環型モデル

林業の取り組みで起点となるのは、バリューチェーンの川上の再生林業である。植樹は気候変動対策に効果が期待される。ただし、スギやヒノキなど単一種だけを植樹すると、地表の上でも下でも生物多様性が限定的になる。森林における炭素の75％は土壌に固定されるが、動植物の多様性が限られると、その炭素固定量は5分の1に減るという。

理想は、包括的なアプローチによって森林の生態系サービス（生物多様性に由来する人の生活への恩恵）を最大化することだ。樹齢や種類の違う木で構成される「複層林」をつくり、林立構造や日当たりといった気象条件の多様性を高めて、さまざまな生き物が生きられる環境をつくる。伐採は部分的にとどめ、生態系が維持されるように配慮すれば、人がそれほど手を加えなくても天然で更新される森林になる。

また、アグロフォレストリー（一つの土地に樹木と農作物を一緒に植え、植物同士や生態系の相互作用を活かしながら、農業、林業、畜産業などを同時に行う）を活用すれば、土壌をカバーする植物の増加により土壌劣化を防ぐことができる。このような姿を実現できれば、洪水や渇水を緩和し、水質を浄化する水源涵養（かんよう）機能の維持や回復にもつながる。

森林管理にはテクノロジーを活用できる。森林の生態系に関する膨大なデータが入手可能になり、機械学習やシミュレーションの利用シーンが広がっている。たとえば、ＢＣＧが開発した森林管理用ＡＩツールは、異常気象や病虫害に強い樹木の分布を算出できる。それを森林計画に反映したり、生物多様性が維持される形で伐採すべき樹木を特定したりできる。

また、人工衛星とＡＩを組み合わせたプラットフォームを用いて森林の健康状態を監視して病害虫を早期に発見することも可能だ。森林の状況を可視化することにより、理想の形に近づけやすくなる。

バリューチェーンの川中・川下での取り組み

次に、林業のバリューチェーンの川中で注目されるのが、バイオマスからさまざまな製品を製造する「バイオリファイナリー」技術である。従来、伐採した木材は燃やしてエネルギー源にしたり、丸太を建材にしたり、細かく砕いて繊維質を取り出して紙などの原料にしてきたが、この新しい技術を使えばさらに用途が広がる。

ケミカル領域では、プラスチック、接着剤、アスファルト構成材、医薬品・化粧品、肥料・飼料、電子・ナノテクノロジー素材として利用できる。また、蓄電池、乾電池、バイオ燃料などエネルギー源にもなる。このため、化学品メーカーが現在開発に注力しており、技術革新とコスト低減が進んでいる。

サステナブルな資源としての木材のポテンシャルは非常に大きい。今後は、石油由来の素材の使用が難しくなり、それを代替するサステナブルな資源のニーズが高まる。ＥＶ電極なども需要に供給が追いついていないため、木材由来の製品が高値で売れる機会として有望視されている。欧州には森林を「未来の石油」とするビジョンを掲げて、長期的に取り組んでいる企業もある。

最も望ましいのは、川下の企業が木材由来のボトルや包装、バイオプラスチック、ＥＶ電極などの素材を使いながら最終製品をつくり、環境に配慮するブランドとしてのストーリーを確立させることで購買や利用を促進し、それから生み出せる利益が川上に戻っていく構造をつくることだ。生物多様性の保全では、誰がコストを負担するかという問題が常につきまとう。生活者に対し「買えば買うほど、自分の地元の自然が回復する」という身近でわかりやすい訴求をすることが重要である。

ただし、循環型の全体構造を描けたとしても、経済的に成り立たせるのは非常に難しい。そのような中で、企業はどのように取り組みを進めればよいのだろうか。競争優位性につながる事例を紹介したい。

企業事例1　イケア――森林保全・再生でサプライチェーンを強靭化

メーカーが川上に目を向けて、自社の競争優位性を高めている事例が、スウェーデンの家具メーカー、イケアである。家具やインテリアの原材料として木材を利用する同社は、調達先である森林の管理に乗り出している。たとえば、ハリケーンで損傷したフロリダ州などを含む25万ヘクタールの土地に直接投資し、植樹をして森林の回復や管理をしてきた。

特筆されるのは、イケアが自社のサプライチェーンを超えて取り組んでいることだ。同社は、自社で直接管理する森林以外にも、世界自然保護基金（ＷＷＦ）と連携してアジアや欧州を中心に３５００万ヘクタールの森林を管理している。直接管理しない場合には、森林の管理方法や認証の仕組みを厳しく設定し、ブロックチェーンによるトレーサビリティ、地理情報システムを用いたモニタリングなどテクノロジーを積極的に活用する。

この取り組みは気候変動と生物多様性に同時に貢献するだけではない。実はイケアのビジネスにとってリスクヘッジになるのだ。自然災害などにより自社サプライチェーン内の森林が利用できなくなっても、別の場所から調達可能になるからだ。また、世界的に木材価格が上昇する中でも、常に安価に安定調達できるため、コスト優位を実現している。

さらに注目したいのが、一連のサステナビリティへの取り組みを世の中に伝えた結果、顧客の平均年齢が13歳若返ったことだ。消費者向け企業の多くはブランドの高齢化に悩まされている。ある顧客層が愛好し長く使い続けるほど、その層が年を取るにつれてブランドイメージもそれに引きずられ、年齢の高い人が使うブランドとして若い顧客から敬遠されてしまう現象だ。若い層を呼び込もうと、巨額のマーケティング費用を投じている企業

図表 3-4

10 代後半は「気候変動問題を知って行動を変えた」割合が最も高い

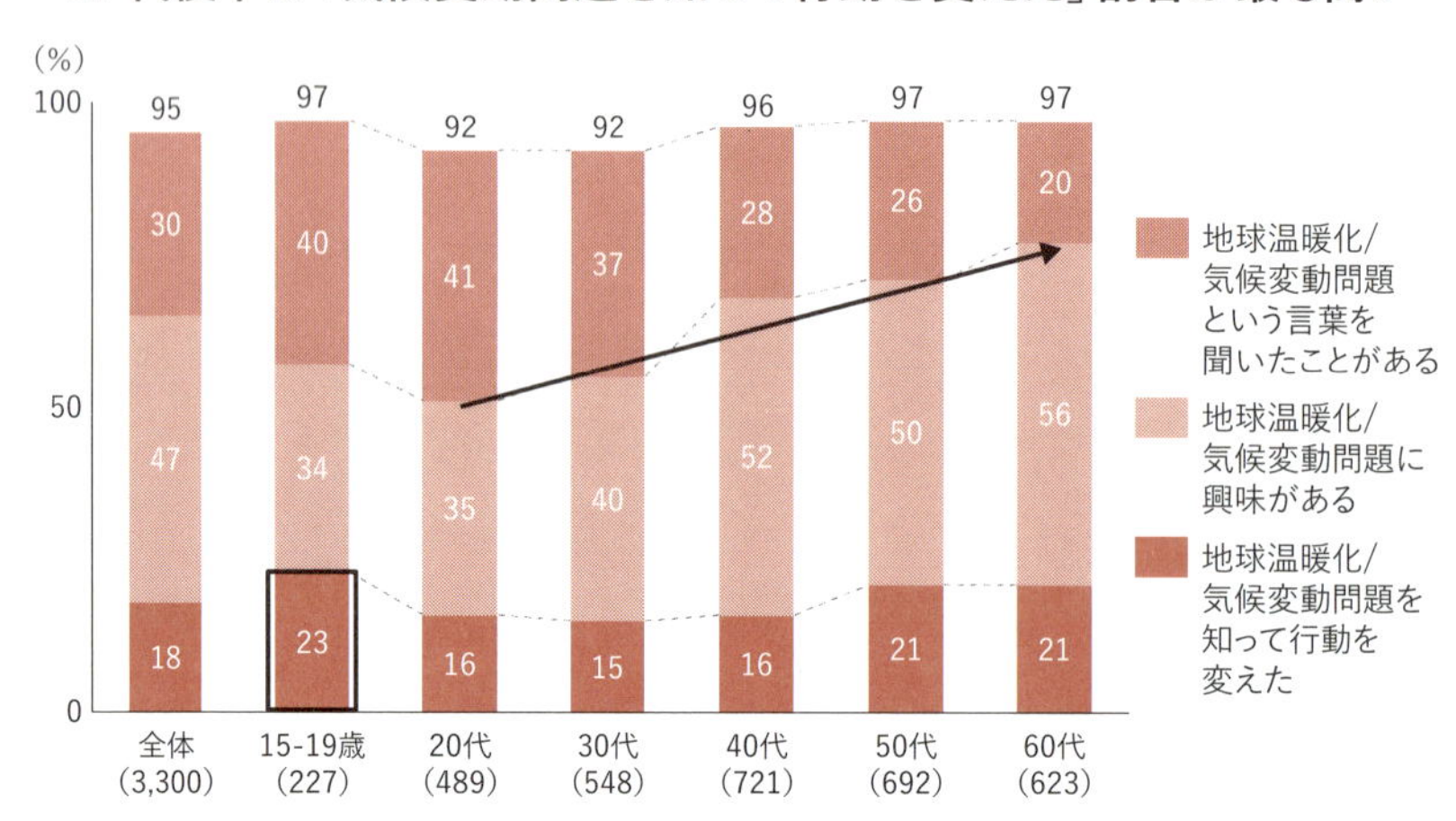

質問文：「地球温暖化/気候変動問題」について、あなたの考えとして最も近いのは次のうちのどれですか、「地球温暖化/気候変動問題」について、あなたご自身の行動は、どのように変化しましたか
注：() 内はn数
出所：ボストン コンサルティング グループ サステナブルな社会の実現に関する消費者意識調査（2023年1月調査）

も少なくない。イケアのサステナビリティへの取り組みは、それと同じ効果を実現したのである。

BCGが日本の消費者を対象に行った調査では、20代以降は年代が上がるごとに環境意識が高まる傾向があるが、10代はその傾向にあてはまらず若いうちから意識が高いことがわかった。特に、「地球温暖化／気候変動問題を知って行動を変えた」と答えた割合は、10代後半が全年代の中で最も高かった（図表3－4）。

数年後、この層が購買力を持つようになると、欧米から十数年程度遅れる形で、日本でもサステナビリティの取り組みに関する消費者意識は大きく変わる可能性がある。もちろん、ただ環境に配慮した商品をつくるだけで簡単に売れるわけではないが、若い層を取り込みつつムーブメントをつくっていくことで、日本でも自社の戦略上意味のある効果を実現できる可能性がある。なお、イケアは２０１９年から20年にかけて売上成長が鈍化していたが、サステナビリティ回帰を基軸にしたことで、再び成長路線に戻っている。

水ビジネスの循環モデル

もう一例、水ビジネスの循環モデルを見ていこう。降雨量が多く水道の整備が特に進んでいる日本国内では、現時点では水資源はそれほど大きな論点になってはいないが、世界では農業用水が枯渇し、作物の収穫量が激減し、食料や飼料の価格高騰や調達難などの問題が生じている。水資源の確保や管理はＴＮＦＤのフレームワークにも含まれており、今後は投資家も関心を向けるテーマになりそうだ。

水の循環はさまざまなレベルで実現することができる。たとえば、自社工場内で排水を回収し再利用してきた企業も多いだろう。これを工業団地内、産業間、地域へと、範囲をさらに拡げて循環させることが可能かもしれない。

たとえば、半導体製造には高純度の水が必要だが、他の製品工場で使う水にはそこまでの純度は求めなくてもよいということもある。その場合、川上の排水を回収し、川中や川下で再利用するカスケード方式をとることが考えられる。

この考え方で循環できる対象は水だけではない。水処理施設の設備や消耗品、熱、含有物質や汚泥なども回収して適切な処理をすれば、さまざまな形で再利用できる。汚泥からメタンガスを抽出して水素を製造すれば、新たなエネルギー源にもなる。個社のオペレーション内で完結させるのではなく、工業団地や地域、流域やサプライチェーンなど、より範囲を拡げて何を循環させるかを考えていく必要がある。

企業事例2　ウォルマート——地域や流域まで広く展開する

地域や流域まで循環モデルの範囲が拡がってくると、一企業が取り組む際のハードルが高くなるが、自治体やサプライヤーと連携しながら活動を進めることは可能だ。

その一例として、米小売大手ウォルマートは、主要商品の生産地を再生するプロジェクトを立ち上げている。

その一つがカナダのフレーザー川流域で行われたサケの遡上地の再生だ。同社が発起人となって、サプライヤーを巻き込み、対象地域の管理や保全を担ってもらう。また、環境再生のノウハウ提供、グローバルでのマーケティング活動においては、ＷＷＦなど国際機関の力を借りる。さらに地域自治体や住民にも参加してもらい地元コミュニティの賛同を得たり、人材派遣などの協力をしてもらう。ウォルマート自体は再生活動に直接従事しないが、主要関係者を巻き込み、ルールを設定したり、ツールを提供したり、その地域で生産された原材料を購入するという形で貢献している。

このプロジェクトでは、生産者や加工者などサプライヤー、地域の自治体、国際機関、学術機関、スタートアップが連携して、流域の復興計画を策定し、大量の土砂を除去し、土砂崩れで流れの変わった川における魚道を整備。さらに、土砂崩れ防止と海洋への養分供給のために植樹を行い、客土を用いて250ヘクタールの潮間湿地帯の改善や保全に努めてきた。一連の取り組みが功を奏し、サケの遡上数は着実に増えている。

温室効果ガス排出量は業界単位で捉えることが多かったが、生物多様性は地域単位の課題であることが多いため、自治体や住民を巻き込んだ取り組みを進める必要がある。

バリューチェーンの川上から川下まで一気通貫で取り組むためには、川上に還流する仕組みとして立ち上がりつつあるカーボンクレジットやネイチャークレジットのマーケットを整備し、利用することも考えられる。温室効果ガスの削減効果や自然環境の再生・復元による価値をクレジットとして売買する仕組みである。これを一つの収入源として捉えて、全体で回せるようにすることもポイントだ。

日本企業としても姿勢が問われる

サステナビリティの課題は、取り組みを進めれば進めるほど、「不都合な真実」が次々と明らかになってくるものだ。現在、問題となっていることは、人が過去に行ったことの結果である。

たとえば、日本でスギやヒノキの単層林が多いのは、単一品種の植樹を人為的に行ったからだ。その副産物ともいえる花粉症に苦しんでいる人も多く、近年は社会問題として捉えられるようになってきた。

今後は生物多様性の毀損を含む多くの問題が次々と明らかになってくるだろう。そうした情報が世の中に伝播すれば、必ず企業側の姿勢が問われることになる。問題点を指摘されてから対応するのも一つの方法だが、たとえ短期的にマイナスの影響があったとしても、企業が自ら不都合な真実を明らかにし、真摯に問題に取り組んでいくスタンスをとることも可能ではないか。

循環型モデルは、コスト、回収、分別、再生など諸々の難しさを伴い、企業にとっては不都合といえるかもしれない。しかも、循環させることで新たな環境負荷がかかる場合もあるため、本当に循環型モデルを採用すべきかどうかも重要な論点となる。

たとえば、ファストファッションは流行に応じて次々に新しい服を提供する業態だ。販売する衣料品は耐久性に乏しく、流行が終われば廃棄されることになる。それを捨てずにリペアやリユース、リサイクルするのは循環型モデルとして一つの考え方だろう。しかしその一方で、耐久性の高い服をつくって、一回買ったら長く使用してもらい、循環させないほうがよいという考え方もある。ファッション領域の企業は、どちらのスタンスをとるかを問われることになる。

企業としてどこまで目配りするかというバウンダリー（境界線）の置き方も課題である。一例として、多くのアパレルメーカーが、環境に配慮した農法でつくられたサステナブルコットンの調達率を高めて100％にすると宣言している。それによって生じるのは、稀少な原材料であるサステナブルコットンの争奪戦だ。

その一方で、インドでは綿花農家において借金の返済苦による自殺が後を絶たないといわれる。彼らは当然ながら、付加価値の高いサステナブルコットンのつくり手ではない。この社会問題の解決を重視するならば、稀少資源を調達することよりも、困窮農家が高付加価値のコットンをつくれるように支援することを優先させるべきかもしれない。

このように、企業として自分たちの調達ルートだけを見るのか、周辺課題にまで目を向けるのかが問われているのだ。

繰り返しになるが、生物多様性は複雑系の問題であり、自社が直接関わる対象のみを見ていても、大きな貢献はできない。バウンダリーを越えてどのように責任を果たすかを考えていかない限り、本質的な問題解決は見込めないだろう。

ＴＮＦＤ開示が迫られる中、２０２４年には日本企業も対応が急務となる。どのように測定するかなどテクニカルな対応も確かに必要だが、今こそ、企業としての姿勢を決める議論を進めておくべきだ。この問題への直視を避けていれば、常に対応が後手に回ることになるだろう。

Chapter

4

経済安全保障とサプライチェーン

――リスクの見える化で意思決定の仕組みづくりを

内田 康介 Uchida, Kosuke

ＢＣＧマネージング・ディレクター＆シニア・パートナー
京都大学文学部卒業。コーネル大学経営学修士（ＭＢＡ）。
ＮＴＴコミュニケーションズ株式会社を経て現在に至る。
ＢＣＧオペレーション・プラクティスの北東アジア地区リーダー。
産業財・自動車プラクティス、エネルギープラクティスのコアメンバー。
共著書に『ＢＣＧが読む経営の論点２０２１』（日本経済新聞出版）など。

北川 寛樹 Kitagawa, Hiroki

ＢＣＧマネージング・ディレクター＆パートナー
同志社大学商学部卒業。
複数のグローバルコンサルティングファームを経て現在に至る。
ＢＣＧオペレーション・プラクティス、産業財・自動車プラクティス、
および交通・都市開発・運輸プラクティスのコアメンバー。

米中経済対立やロシアのウクライナ侵攻に代表される地政学的変化に伴い、ビジネスにおける不確実性が高まっている。特にサプライチェーンはこれらの影響を直接受ける領域だ。経済安全保障の最新動向に、企業はこれまで以上に着目する必要がある。

この不確実な時代にグローバル競争を勝ち抜くためには、リスクの見える化とシナリオプランニングによる迅速かつ大胆な意思決定が求められる。その実現に欠かせないのは、事業横断の情報連携とデータの整備だ。

海外グローバル企業の事例を紹介しながら、日本企業の課題と今とるべきサプライチェーンマネジメントの施策について解説する。

サプライチェーンに影響を与える世界情勢

新型コロナウイルス感染症の影響を受ける前からサプライチェーンのリスクは存在していた。しかし、新型コロナのパンデミック後、ＢＣＰ（事業継続計画）への企業の意識が急激に高まったことは、企業の有価証券報告書で、リスクに関する記載が増えていることからもわかる。また、世界経済フォーラムがまとめた「グローバルリスク報告書 2023年版」によると、今後2年間に起こりうる重要なリスクとして、日本では「地政学上の対立」「自然災害と異常気象」が上位に挙げられている。

実際、米中経済対立、ロシアのウクライナ侵攻、中国の台湾政策などは広く認知されているリスク要素だ。2024年1月には台湾総統選挙があり、中国の動きが注目され、同年11月にはアメリカ大統領選挙も控えている。世界の政治情勢は大きく動くのか、さまざまな予測が立てられるだろうが、実際の動向はその時々の世界の経済状況によっても左右される。

一方、このような政治・経済の不安定さの中で、各国は自国のビジネス成長を担保すべく、外資による企業買収を規制し、自国の企業を守る動きをとっている。その範囲は衛星・通信、半導体・同製造装置、建設、ＩＴサービスなどさまざまな領域に広がっており、

図表 4-1
各国における中国資本による買収の阻止事例

分野	審査国	年月	概要
衛星・通信	ドイツ	2020年12月	宇宙開発を手がける中国大手グループ子会社による衛星・レーダー関連技術企業の買収を阻止。 ドイツ連邦軍へも納入されている当該企業の製品やサービスは、5G/6Gなどのインフラ構築にも不可欠な技術であると政府文書で指摘
半導体製造装置	イタリア	2021年3月	中国深圳の投資会社によるイタリア半導体装置メーカーの株式70%取得を拒否。 半導体を戦略分野に位置づけているイタリアは、2012年に導入した投資規制「ゴールデンパワー法」に基づき拒否
建設	オーストラリア	2021年1月	中国の建築設計企業によるオーストラリア同業企業の買収申請について、事前届出において、連邦財務大臣が買収申請を拒否
ITサービス（ホテル向け情報サービス）	米国	2020年3月	中国の情報システム会社に対し、同社が2018年に買収した米国の同業企業の売却を命令。対米外国投資委員会および1950年国防法等に基づき大統領令を発令

出所：JETRO「世界貿易投資報告」2021年版 第Ⅲ章を基にボストン コンサルティング グループ作成

特に中国企業による買収を各国政府が経済安全保障などを理由に拒否している（図表4－1）。しかし、日本ではそのような動きが顕著には見えない。

政治・経済の不確実性が高まり、各国が投資規制をかける中、日本企業はビジネスを発展させるために、どのような動きをとるべきなのか、特にサプライチェーンの視点で述べていく。

部分ではなく全体でリスクを判断する

政治・経済が不確実な状況

では、まず自社が抱えるサプライチェーンのリスクの正確な把握が先決だ。さまざまなリスクは相互に複雑につながっていて、一方向、一時的な解決策では決着せず、一つのリスクを回避すると別のリスクが発生することが多々ある。たとえば、製造拠点を移転すると、コストの増大や品質低下のリスクにさらされる。地政学的なリスクは回避できたとしても、別の観点での供給リスクが浮上するのだ。常にトレードオフの法則が働いており、簡単に解決策が出るものではない。このトレードオフを理解しながら、現在および将来の想定に基づく「最善策」を模索しなければならない。

しかし、最善策を選択するにしても、部分最適の観点で行うとさらに問題が生じる可能性が出てくる。たとえば、特定の工場が地政学リスクにさらされており、別の拠点に移転させようと考えたとしても、調達先のサプライヤーが応じてくれるとは限らない。また、販売面を考えると、税制などの問題から価格が上昇、結果として顧客を失ってしまうことも起こりうる。

つまり、グローバル化が進んだサプライチェーンにおいては、部分最適の観点でリスクを回避するという動きは許されざる選択になっている。したがって、企業全体のサプライチェーンにおけるリスクの全体像を把握するところからスタートしなければならない。

地政学的リスクや各国のビジネス・投資規制はもちろん、パンデミックや自然災害がサプライチェーンにどのような影響を与えるのか。モノの仕入れ（川上）、自社の製造過程

図表 4-2
サプライチェーンにおけるさまざまなリスクの例

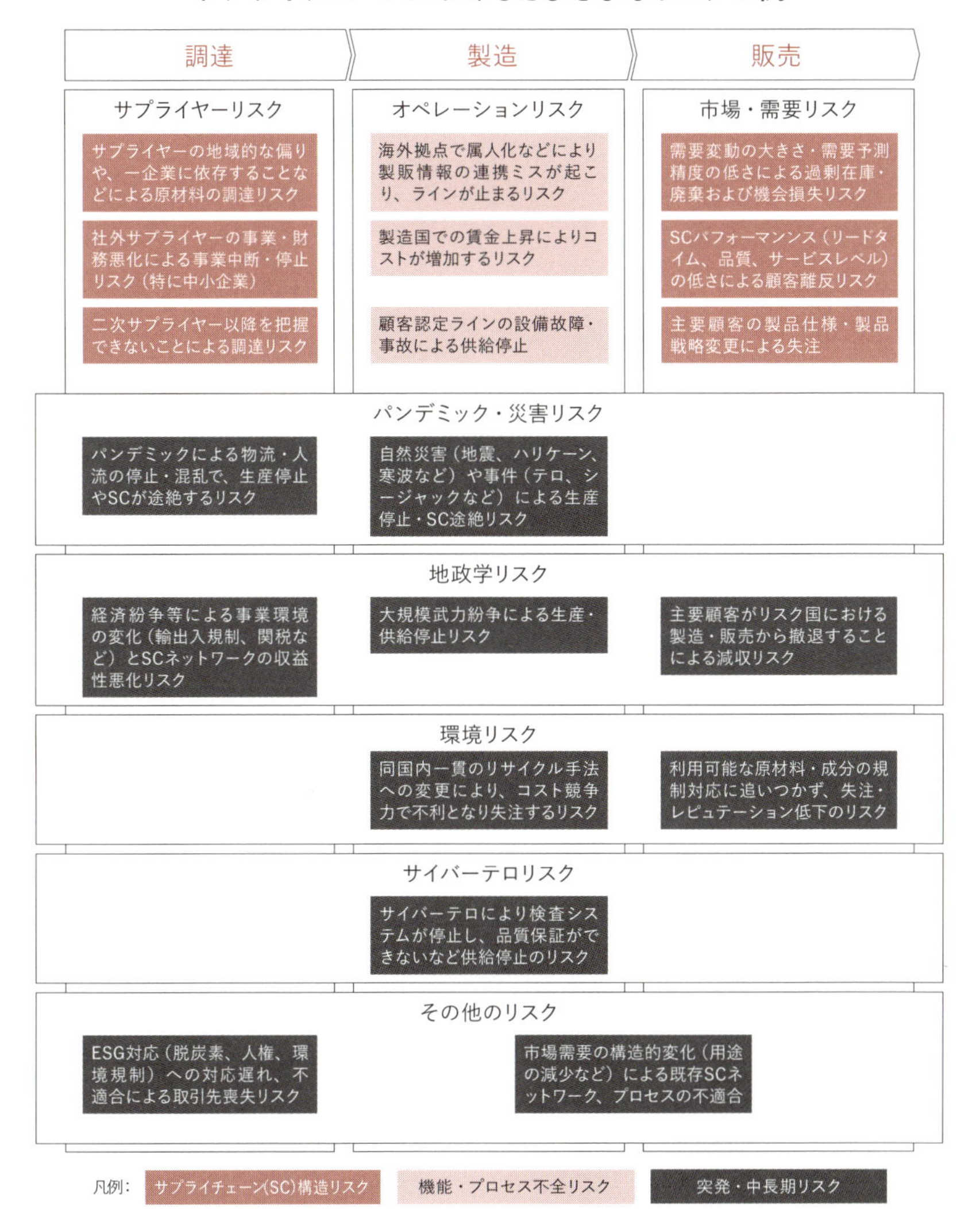

出所：ボストン コンサルティング グループ

やオペレーション、さらには販売先（川下）に与える影響は何か。これらを図表4－2のようなフレームにマッピングしながらインパクトを評価する必要がある。

「サプライヤーが中国に多いのでリスクがあると思っている。どうすればいいか」という問いは頻繁に寄せられる。しかし、実際には、全体を分析できて初めてリスク評価が有効となる。事業全体の調達額において、どれくらいの依存度なのかは把握できても、直接の調達先（Ｔｉｅｒ１）だけでなく、その調達先の調達先（Ｔｉｅｒ２）までを考慮したうえでリスクが高いのか、あるいは汎用品なのかそれとも特殊な品目で代替できないものなのか、全体分析が必要だ。ここまで分析したうえで、リスクの有無を認識できている企業は必ずしも多くない。

システム上のデータの制限や取引先の情報が開示されないことにより、深い情報が得られない場合もある。しかし、サプライチェーン情報の不足によってリスク判断ができない状態自体もリスクだと認識し、対策を講じる必要がある。

データを基にリスクを見える化する

リスクを見るというのは感覚で行うのではなく、ＩＴ・デジタル環境が整った時代においては、データに基づいて判断することがきわめて重要になってくる。とはいえ、すべてのデータをそろえることは難しいため、「今あるデータでどこまでリスクが見えるのか」

「少し工夫をすれば見える領域はどこなのか」「ビジネス事由などでどうしても見えないところは何なのか」を把握することが必要だ。

その際、リスクの見える化にも工夫が必要で、その手法として、①既存のITシステムをデータの観点から整理する、②デジタルとIoTの力を使ってデータを収集する、③外部機関が提供するデータを活用する、④企業間での情報共有や政府の枠組みなどを活用する、などが挙げられる。

現在、多くの企業は自社と直接取引をしているサプライヤーについては把握しているが、サプライヤーの先の取引先については把握していないのが実情だ。過去には自動車業界においても、天災が起こった際に直接の取引先の状況は把握していたが、その先のサプライヤーが被害にあって工場稼働が困難になるという事態が発生した。そのために、部品供給ができなくなり、自動車生産が停滞した。

現在においてもさまざまな企業の供給問題を精査していくと、直接取引先の問題ではなく、その先のサプライヤーが原因で供給問題が発生していることが頻繁に見られる。このような状況に自社の努力、情報収集だけで対応するには限界がある。したがって、サプライヤー情報を収集するサービスなどを適切に活用しながら情報分析することが有効である。

サプライヤーリスクのみならず、販売先としての当該国の地政学的リスクや各国の規制リスクなども同様に見える化し、情報武装をしておく必要がある。たとえば、ある日本企業が一定以上の世界シェアを持つ製品・産業があっても、中国が国産を優先する分野と重なる場合はリスクとなる。その場合は、中国が開示している「外商投資目録」または「科技日報」に基づき、自社の技術が中国国産化のリスクに直面しているかどうか評価する必要がある。また逆に、自社の製品や産業が日本の法律などによって保護されているかどうかを評価するのも重要だ。

単なる守りではグローバル競争で立ち遅れる

ここまでは、リスクを見える化することの重要性を述べた。次に重要となるのは、見えたリスクに対してどのような判断をするかである。世界経済が不透明性を増していく中で、地政学リスクが大きくなっているのは周知の事実だ。地政学リスクが高いとされる中国に着目し、日本企業の動きと他国の代表的企業の動きを比較してみよう。

代表的な日本企業は２０２２、23年と中国国外へ工場移管を行っており、中国での部品依存脱却に動いている（図表４－３）。ＢＣＧが世界のグローバル企業60社の動きを分析したところ、75％の企業が中国を離れ、他の国や地域へ拠点を移している。日本企業だけがリスクを警戒して中国から撤退を進めているのではなく、全世界的に同様の動きが見られ

図表 4-3
脱中国化を進める日本企業

2022～23年に報じられた国内各社の例

企業	内容
ソニー	• 日米欧向けのカメラの生産をタイへ移管 • 中国工場は原則、中国向けのみ生産
キヤノン	• 一部のカメラ工場を閉鎖し、国内回帰へ
ダイキン	• 有事に中国製部品なしでエアコン生産が可能な供給網を整備開始
キリン	• 原料のクエン酸の調達先をタイなどを含め分散化を検討
パナソニック	• 掃除機などの生産の一部を中国から日本に切り替え、部材の多くも国産に変更

出所：日本経済新聞「ソニーのカメラ生産、日米欧向けを中国から分離」（2023年1月29日）、同「中国調達『下げる』5割、代替先9割日本　100社に聞く」（2022年12月1日）などを基にボストン コンサルティング グループ作成

るということだ。

しかし、全体の傾向からは見えない事実も存在する。それは、逆に中国への投資を加速させている企業が存在することである。その一例が、ドイツの化学大手ＢＡＳＦだ。ＢＡＳＦは、広東省南西部に位置する港湾都市・湛江にある統合生産拠点について、「２０３０年までに最大１００億ユーロを投じる」とし、「ＢＡＳＦにとって過去最大の投資」となると発表している。地政学リスクがあるとされる中国において、ビジネスの拡大を考えているのである。

ＢＡＳＦが中国において大きな投資判断をできる要因として意思決定構造とデータ基盤の整備に基づくリスクの見える化がある。戦略機能と実行機能を備えたそれぞれの事業部があり、それを横断するようにコーポレートが存在して全社戦略の方針策定と事業部間の調整機能を

担っている。

サプライチェーンは各事業部が管理しており、戦略も事業部が個別に立案するが、投資配分やリソース配分はコーポレートが全社最適化の観点で設計している。データ基盤も事業横断で共通の仕組みを整備しており、さまざまなデータを活用できる。つまり、事業シナリオを立案する組織（各事業部）と、全社としての投資配分を実行する組織（コーポレート）がそろっていて、意思決定をするためのデータ基盤も整備されているのである。

もちろん、この判断が正しいのかどうかは現段階で断定できるものではない。リスクが顕在化した場合、ビジネスにどのようなインパクトを与えるのか、状況によって変わってくる。しかし、判断の結果いかんを問わず、意思決定構造とデータの整備に基づくリスクの見える化がしっかりできており、迅速な判断を行っているという点で、日本企業が学ぶべきポイントは多いだろう。

日本の企業においても、組織上は同様のイメージの組織構成にし、役割分担も同様に構成されている（しようとしている）企業も増えていると思われる。しかし、「連携された情報」という点で、いまだ個別の事業における情報連携にとどまっているのが日本企業の実情である。

日本の企業では、事業の種別がバラバラだから、システムもバラバラで仕方がないという判断がなされている。しかし、業務で活用するシステムがバラバラだということと、事業経営および企業経営において判断を行うためのデータ基盤がバラバラだということには大きな差があるのだ。事業、経営としての意思決定をスムーズに行うためには、共通したデータ基盤が必須になってくる。

それは事業間だけでなく、顧客との連携にもあてはまる。顧客との情報基盤も整えて連携を密にすることで、自社のリスクを最小限に抑えることができる。つまり、無駄な生産をせず、無駄な在庫を持たず、顧客のオーダーを待つこともなく、自社のリスク判断を基に生産を実行していくことができるのである。

シナリオプランニングを用いた意思決定

リスクを見える状態にした後にすべきことは次の2点だ。

・シナリオプランニングを活用し、リスクの最大、最小インパクトを把握する
・リスクの最大インパクトにおいての企業存続を確保したうえで攻めるポイントを意思決定する

一般的に事業部は、業界内の常識を前提とした「メインシナリオ」のみを想定しがちだ。しかし、メインシナリオのみを考慮して経営の舵取りを行ってしまうと、想定外の事象が

起こった場合に「備え」がない状態に陥ってしまう。メインシナリオに対して、変化の方向性、スピード、大きさが異なる複数の「サブシナリオ」を想定することで、経営として「想定外」を潰していくことが必要だ。

もちろん、経営陣や各役員は日々の経営においてさまざまな情報を入手しており、不確実ではあるが起こりうる事象についても意識はしているだろう。しかし、この先の事業環境の変化の可能性をしっかりと捉え、共通認識化するために言語化することから始めなければ、明日の天気についての雑談と変わらない。世界情勢や経済の変化、リスクの増減を明日の天気と同様に扱ってしまっては、経営の舵取りを放棄しているのと同じだ。

だからこそ、年度ごとの経営計画のアップデートのタイミングや中期経営計画策定のタイミングで、役員層が集まり、現在の事業および新規事業について、世界情勢や経済の変化の中で自社の事業に大きなインパクトを与える要素を抽出し、メインシナリオとサブシナリオ、その発生可能性および打つべき対策を明確にするべきである。

そして、これは一度分析して言語化すれば終わりというものでなく、組織の中に定着させ、モニタリングを継続し、状況変化に応じてシナリオをアップデートする組織能力を構築する必要がある。しかし、残念ながらこのあたりは日本企業が不得意とする領域だ。特定の製品やビジネスモデルを扱う事業単位、あるいは販売、生産、購買といった機能単位での検討は多くなされるが、企業全体として事業をまたいだ意思としてどうするかは、事業や機能の個別最適を得意としてきた日本企業が苦手とする領域といわざるを得ない。

なぜ日本企業は事業横断が苦手なのか

事業単位で守りと攻めを考えるだけでは、企業全体としてのポートフォリオバランスを考慮した大胆な施策は打てない。事業単位のリスク把握をしたうえで、攻めと守りの戦略は企業経営として事業横断で実行すべきだろう。先述のＢＡＳＦは事業の枠を超えたコーポレートとしての発想、意思決定構造を具備しており、コーポレート全体として、シナリオプランニングを行った結果である。

なぜ日本企業はこのような事業横断の意思決定が苦手なのか。それは個別最適を、人による柔軟性によって実現してきた日本企業の成り立ちが本質にあると考えられる。リスク事象が起こったとしても重要な経営課題として浮上する前に、各現場がうまくとりなし、一定の結果を生んできた。その表面上の成功体験が積み上がった結果、大きな方向性の判断ができず、グローバル競争から取り残されているという現状につながっているのかもしれない。

乗り越えるべき壁は多く存在するが、シナリオプランニングを活用することで、防衛的なシナリオと攻撃的なシナリオを再評価し、リスクの発生可能性を踏まえた判断を、事業責任者とコーポレート側の責任者が共同で検討していくことが求められる。その検討の中で、組織機能の必要性やデータの必要性も理解し、実効性のある組織づくりに向かっていくことができる。それこそが日本企業の越えるべき壁を打ち崩し、逆に強みである「連携するカルチャー」をさらに活かしていく方向につながるはずだ。

日本企業がとるべき施策

ここまでで世界情勢を含めさまざまなリスクがあること、そのリスクを見える化すべきこと、またシナリオをつくるべきことを述べてきた。そんなことは承知だと思う読者も多くいるだろう。しかし、足元の企業の組織構造はどうであろうか。

ＴＯＰＩＸ１００の企業を見ても、サプライチェーンを統括する組織や責任ある役職を設定している企業はわずか30％にとどまる（図表４－４）。これだけグローバルサプライチェーンの分断などの問題が騒がれており、モノを調達して製造すること、および届けることにリスクが発生しているにもかかわらず、である。

この原因には、日本の伝統的なモノづくりにおける独特の思想が影響していると考えられる。製造業における重要な概念に「ＱＣＤ」（Quality・Cost・Delivery：品質・コスト・納期）がある。日本の多くの企業は、「Ｑ」（品質）と「Ｃ」（コスト）を中心に事業を経営し、サプライチェーンマネジメントの重要性が説かれる「Ｄ」（納期）については

図表 4-4
TOPIX100 のうち、サプライチェーン全体を統括する組織や役職を備えているのは 30%

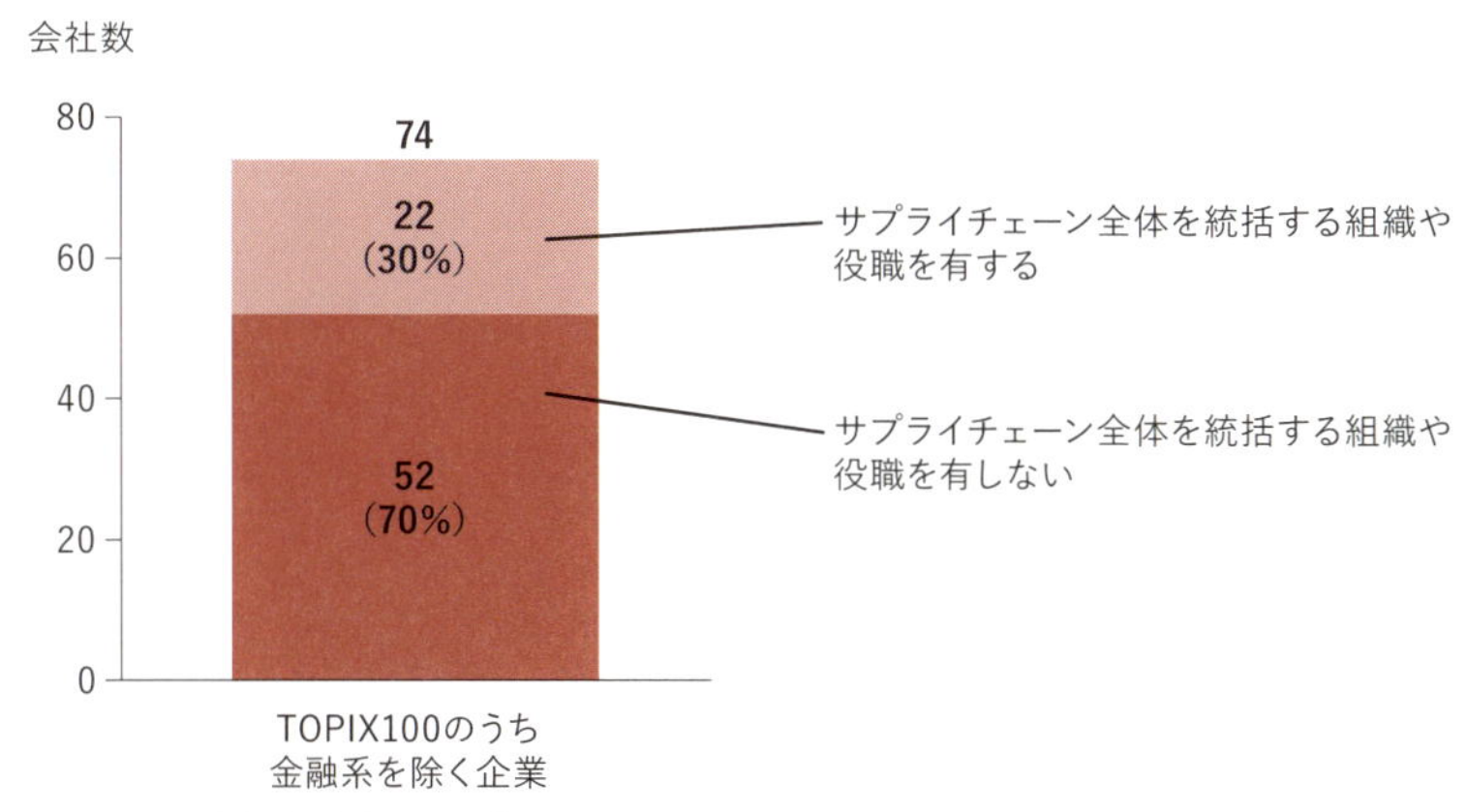

注：2023年7月時点、金融系を除く74社
出所：各社直近IR資料

軽視してきた可能性がある。

もちろん、EC（電子商取引）を含む小売業は、消費者を目の前にしているため、QCDの中でも「D」を軽視することなく、取り組みを行ってきたと思われる。しかし、日本の製造業においては、「いいものをつくれば売れる」「品質が最優先」「カイゼンを行ってコストを削減」といった思考に重きが置かれてきた。

重要な考え方ではあるが、たとえ良い商品を設計し、サプライヤーとも共同戦線を張ってコストを抑え、製造プロセスを効率化し、人員配置の最適化を行ったとしても、モノが調達できなければつくれないし、売ることもできない。「Q」も「C」も大事であるが、今改めて強化すべきなのは「D」なのである。

そのため、近年ＢＣＧがクライアントから受けるサプライチェーンの相談は、調達リスク分析や調達の強靭化が多く、供給側の問題が増えてきたことを明確に表している。しかし、まだまだ問題だと思われることは、視点がどうしても機能単位や事業単位であることだ。事業をまたいで意思決定することの重要性は、今なお軽視される傾向にある。

情報の連携を事業横断で実現する

日本企業において事業を横断した意思決定が軽視される背景には、ＩＴを単なる業務効率化の手段として捉えてきた日本企業と、経営判断をするためのデータを集積するものとして捉えてきた欧米企業との違いがあると考えられる。データで見えなければ、いくら事業横断の機能を準備したとしても判断のしようがない。見えないから判断できない、判断できないから横断組織はない、横断組織がないからリスクに対して企業としての大きな判断ができないという負のループとなる。

この負のループを断ち切るには、機能間の情報連携を強化することから始めるとよい。たとえば、工場と工場、販売会社と工場、工場と倉庫、国内と海外といった、従来は個別の単位で最適化されてきた機能だ。これらを手作業でもよいので、情報連携することで

「何がリスクとして見えるのか」「各機能の意思決定の不整合は何なのか」「それを解消するためにはどのような情報と機能が必要なのか」という事項を少しずつでも検討することが必要である。

事業横断の連携は、リスクに応じた投資および撤退、すなわち攻めと守りの判断をするためのもので、常に独立した組織として備えておくことは必ずしも必須ではない。逆に無理に仕事をつくるようなコーポレート組織が生まれることは本末転倒である。当該機能を既存組織（経営企画など）に割り当てることも一考に値するだろう。

ただし、常にリスクを検知し、問題を把握し、想定していたシナリオと違う状況が発生していることを把握する機能は不可欠である。人の勘と経験だけに頼った、あるいは機能単位に限った意思決定から脱却する必要がある。不安定な世界経済、調達事情、インフレ状況、為替状況などを踏まえたうえで、機能間、事業間、およびコーポレートとのデータ連携、さらにそのデータを活用したリスク検知、そして事業横断的な意思決定プロセスの整備が重要なポイントだ。

経営陣自らデータを基に判断・意思決定する

では、なぜデータ連携の整備が進まないのか、なぜデータを活用できる人材が育たないのか。これらの組織能力を醸成するには、まず経営陣のＩＴ・データリテラシーを高めること、そして、リスクやシナリオをデータで表現することがカギとなる。

かといって、初学者向けのデジタルトランスフォーメーション（ＤＸ）などから学び始めることは必ずしも効率的ではない。まずは自社のＩＴシステムの構成とその背景理由、そして解決すべき課題を理解することが先決だ。そのうえで、データとして何を準備すべきか、どんなリスクを評価できるようになるか、その結果、事業としてどんな舵取りが可能になるのか、という観点から、現状と照らし合わせてギャップ分析を行うのがよい。自社のギャップは、当然ながら経営層全員が理解すべき重要事項である。

リスクやシナリオをデータで表現することも欠かせない。各機能単位、事業単位での調達、製造という供給のリスクはサプライヤー情報、製造情報を基に特定される。しかし、現時点での在庫過剰や欠品などの顕在する問題だけでは不十分だ。潜在する未来のリスクに対するアラートのためにデータ収集が必要なのである。

つまり、調達であればサプライヤーの供給が危うくなりそうだというアラートであり、販売先であれば、顧客の販売動向に基づいて在庫過多になることや欠品リスクが発生することへのアラートを出す、そのための判断データをそろえるということである。

アラートを出すために、何が情報として足りないのか、そのためにはどのようなアクションが求められるのか、その情報の欠如で判断できないことは何なのかを把握する。そして、企業としての判断が遅れることによって生じる事業インパクトを把握することが重要だ。ひいては、データの整備不足によるリスクが明確になることによって、逆にデータ整備の必要性が理解できるはずだ。

加えて、データの整備とともに、経営として意識すべき事項の優先順位を改善することで、リスク感度は大きく変わってくる。リスクをデータとして定期的にアップデートすることにより、リスクに強い強靭なサプライチェーンマネジメントの構築に向かっていく。たとえば、当該リスクが現実となった際の事業への影響や、問題が持続したときの影響を具体的に評価できるシナリオ分析が可能な状態に進化させられる。

「地政学上のリスクがある原材料サプライヤーは、全購買ボリュームにおける比率がX%であり、二次、三次のサプライヤーまで見た場合はY%。そのうち半数は、国内回帰や他国での代替の可能性がなく、当リスクが発生した場合、事業インパクトは月単位でいくら。問題が継続した場合は、当事業の継続性は数年で、複数事業が関係していることでさらに重大なインパクトを受けて、キャッシュは半年が限界」といった具体的な判断を下せる状態になる。

不確実性が高い世の中、常に変化する経営環境であるからこそ、経営陣自らがデータを基に判断する姿勢を示してほしい。リスクをデータで把握することを率先して実行すれば、重要な施策を見出せるはずだ。

ただし、グローバルに広がったサプライチェーンからあらゆるデータを人が手動で抽出しきるのは不可能だろう。データがある程度整備されたらＡＩを活用してさらなる高度化・効率化を図ることが有効となる。その際には、蓄積されたデータをＡＩで分析し、その結果を基に柔軟に意思決定を行える組織づくりの重要性も見逃してはならない。複雑で予測困難なサプライチェーンの膨大なデータからリスクを見極め、迅速に重要な経営判断を下せる組織づくりが、グローバル競争を勝ち抜くカギとなる。

第2部

2024年、必須の経営能力

Chapter

5

事業開発力

―― 新たな成長に向け M＆Aを どう活用するか

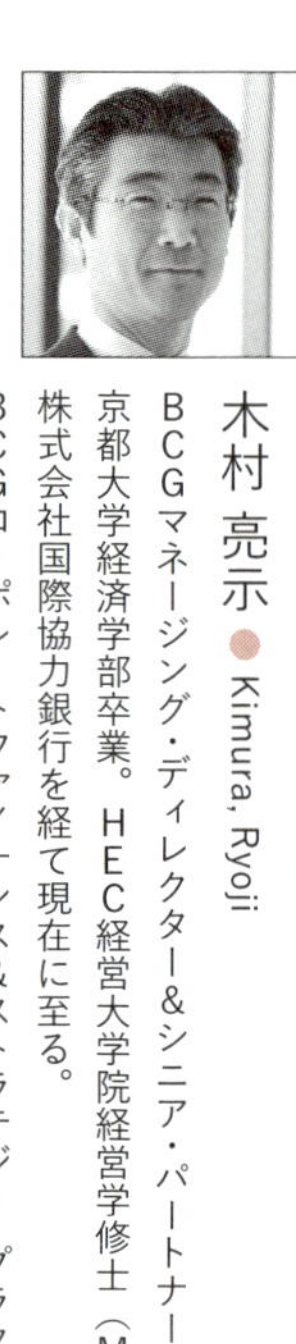

木村 亮示 ● Kimura, Ryoji

BCGマネージング・ディレクター&シニア・パートナー
京都大学経済学部卒業。HEC経営大学院経営学修士（MBA）。

株式会社国際協力銀行を経て現在に至る。

BCGコーポレートファイナンス&ストラテジー・プラクティスの前グローバルリーダー。

テクノロジー・メディア・通信プラクティスなどのコアメンバー。

共著書に『BCGが読む経営の論点2023』『BCG 次の10年で勝つ経営』（日本経済新聞出版）ほか。監訳書に『最強（グレート）を超える戦略――不確実な時代を勝ち抜く9原則』『戦略にこそ「戦略」が必要だ――正しいアプローチを選び、実行する』（日本経済新聞出版）。

横瀧 崇 ● Yokotaki, Takashi

BCGマネージング・ディレクター&パートナー
早稲田大学第一文学部卒業。ソフトバンク株式会社、グローバルコンサルティングファームを経て現在に至る。
約20年にわたりM&A、アライアンス関連の支援に携わってきた。
BCGコーポレートファイナンス&ストラテジー・プラクティスの日本共同リーダー。

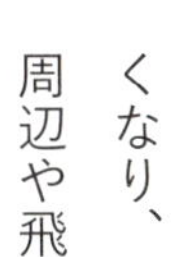う成長するか。そのシンプルな問いが今、経営層の大きな悩みとなっている。既存事業を軸とした過去の成功の方程式が通用しなくなり、「事業開発」、つまり既存事業のビジネスモデル変革、あるいは周辺や飛び地への参入が成長戦略の中核に位置づけられつつある。M&Aを活用して、「創る」(新たな成長の種をまく)、「造り替える」(既存事業の変革)、さらに「手放す」(事業の売却および撤退)取り組みを推進するために、そしてそれらを戦略的に組み合わせ、持続的な成長への道筋を描くために経営に何が求められるかを提示する。

経営のトップアジェンダとしての事業開発

2023年、経営者の方々との議論で最も多く話題にのぼったのが「どう成長するか」というシンプルな問いだ。デジタルトランスフォーメーション、コスト削減など社内的な施策については、これまでの取り組みにより一定の成果は上がっているものの、結局企業としての長期の成長に向けた道筋をつけられていないという問題意識である。

いうまでもなく、企業にとって成長は企業価値向上の最大のドライバーである。私たちのような非上場企業にとってみれば、掲げる企業理念やパーパスをどのスケールで体現できているのかを示す証左でもある。同時に、マネジメントの観点では成長は組織活力の源泉であり、優秀な人材を引きつけるうえでの必要条件だ。

しかしながら、日本はマクロ経済、そして企業活動の両側面において過去30年間成長していない。平成を迎えた最初の年、1989年度の日本のGDP成長率（実質）は4・0%。これ以降、日本経済は30年以上にわたり平均で1・0%、最高でも2010年度の3・3%という低成長を経験してきた。企業価値の側面でも、米国では過去30年間で約11倍に成長した（S&P500）一方で、日本はいまだ30年前の日経平均株価の史上最高値を超えられずにいる。

では、少なくとも企業レベルの議論において、この状況は２０２４年に向けて好転するのか。事業環境の不透明性、複雑性が前例のない水準で高まっているマクロの事業環境を見る限り、ことは簡単ではなさそうだ。成長戦略を描くうえで、よりハイリスク・ハイリターンな多角化戦略に軸足を置かざるを得なくなっているためだ。背景を紐といていこう。

事業環境の激変、そして不透明性、複雑性の増大

事業を取り巻く環境はここ数年で激変してきた。私たちのクライアント企業の多くも、事業運営の前提をことごとく見直す必要に迫られている。

デカップリング（分断）に代表される地政学リスクの高まりは、経済のグローバル化の進展を前提としたサプライチェーンや海外市場に依存した成長戦略を根底から揺るがすものとなった。カーボンニュートラル、サステナビリティ重視に向けた各国の規制強化や補助金政策は、収益構造の前提を大きく変えている。

ネットショッピングの拡大に代表される消費者の購買行動の変化は、商品戦略のみならず、販売、マーケティングのあり方を抜本的に見直す必要を生み出した。また、生成ＡＩの登場により、「加速度的に進む技術革新」という表現すら陳腐化するほどのスピード、スケールの生産性向上の可能性が眼前に広がっている。

さらに追い打ちをかけるのが、マクロ経済のボラティリティ増大だ。為替の乱高下、エネルギー価格の高騰に加えて、インフレ、海外の高金利という（少なくとも日本の経営層にとっては）未経験の事業環境の中での舵取りが求められるようになった。

このような状況下にあっては、「過去の延長線上」では現状維持すらおぼつかない。ビジネスモデルの転換や大胆な新規事業開発などの大きな変革なしに成長のシナリオを描くことは困難になっている。今ほど「成長」することの難しさが経営者の悩みの根本となっている時代はないのではないだろうか。

過去の成功の方程式の限界

ここで、成長戦略を語るうえでしばしば使われるフレームワーク、経営学者のイゴール・アンゾフ氏の成長マトリクスを用いて考えてみたい。これは縦軸に市場（新規・既存）、横軸に製品・サービス（新規・既存）をとり、2×2のマトリクスの中で4つの成長戦略の方向性を導くごくシンプルな枠組みで、そのシンプルさゆえに多くの企業で多用されてきた（図表5－1）。

この枠組みでいえば、従来の成長戦略の中心は①市場浸透戦略、②新市場開拓戦略、③新製品開発戦略であり、④多角化戦略はハイリスク・ハイリターンであると考えられることが多かった。しかしながら今、①～③にあたる既存の延長線上の成長戦略は行き詰まり、

図表 5-1
成長戦略検討の枠組み：アンゾフの成長マトリクス

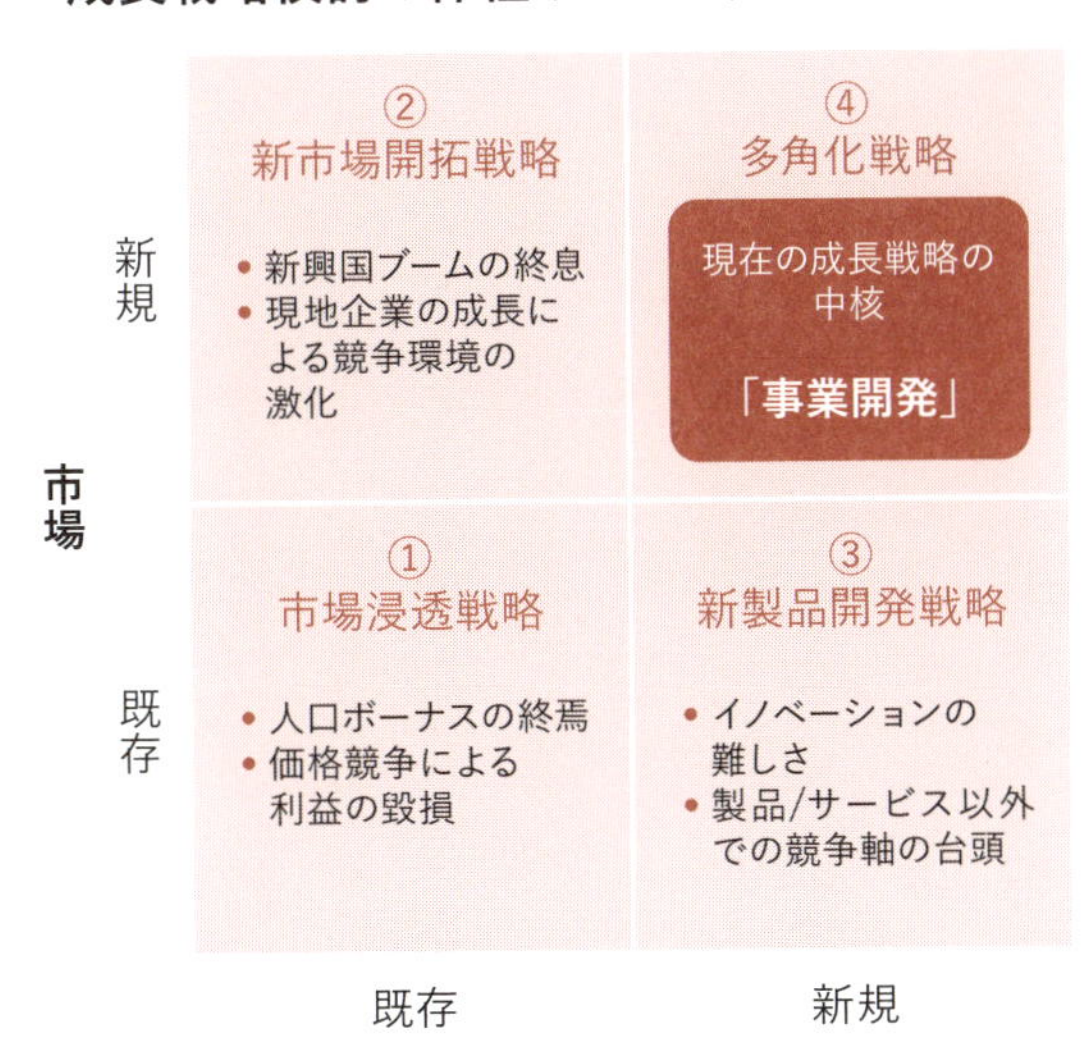

出所：イゴール・アンゾフの成長マトリクスを基に、ボストン コンサルティング グループ作成

足元ではこの④多角化戦略を具体化するための「事業開発（周辺や飛び地に参入する、既存事業のビジネスモデルを変革する）」が成長戦略の中核に位置づけられつつある。以下でくわしく見てみよう。

①既存市場において既存商品のシェアを上げる（市場浸透戦略） 経営者の方々との議論でも、既存事業についての本音は「現状の利益水準をどう維持するのか」という課題設定であることが多くなっている。大多数の日本企業のマザーマーケットである国内

市場に関していえば、人口ボーナス期は終焉。市場のパイが大きくならない（かつ業界再編がない）中でのシェア争いは価格競争を誘発し、利益を毀損する結果につながることも多い。

②既存の商品を新規市場に展開する（新市場開拓戦略）　２００１年の年末に生まれたＢＲＩＣｓという言葉は一世を風靡し、新興国ブームが起きた。その後、グローバル化の進展と中国をはじめとする人口大国における中間層の拡大が進み、多くの日本企業も海外売上比率の拡大という形で成長の恩恵を受けてきた。海外市場の開拓は今でも重要な経営アジェンダではあるものの、この20年で現地企業も成長し、競争環境も激化。新興国＝未開拓の新市場という構図は完全に失われた。

③既存市場に新商品を投入する（新製品開発戦略）　顧客ニーズに応える形でプロダクトイノベーションを起こし続けることの重要性はいつの時代も変わらない。しかし成熟市場においては新商品の投入は既存商品とのカニバリゼーションを生む。財布や時間の取り合いとなるケースが多く、「真水」としての売上拡大への貢献は従来ほど期待できない。また、そもそもビジネスモデルがまったく異なる競合企業との戦いを前提としなければならない現在の状況では、良い製品・サービスを提供することが必ずしも勝ち筋となるわけ

ではなく、難しさが増している。

④多角化戦略 前述の①〜③の成長戦略の行き詰まりに起因する形で、かつてはハイリスク・ハイリターンで難度が高いといわれてきた多角化戦略が成長戦略における議論の中核となりつつある。つまり既存事業の深掘りでも、既存の製品や市場を活用した方向転換（ピボット）でもなく、新たな事業開発（既存事業のビジネスモデルを変革する、周辺や飛び地に参入する）の巧拙が企業としての成長力の差を生む最大の要因となっている。

経営者を悩ませる「壁」

ところが、日本の大企業における事業開発は一筋縄ではいかない。実際に、多くの経営者からは「いろいろと着手しているが、全社の成長への貢献は数字上ほとんどない」との相談をいただく。また、ウェビナーなどに華々しく登壇している新規事業立ち上げの功労者たちからも、「実態は外向きに話をしているほど明るいものではない」という裏話を聞く。

理由は各社それぞれであるが、根底にはどの業界にも共通の事象があるというのが私たちの見立てだ。個々の企業は、自社の新規事業の経験や能力の不足に原因を求めることが

図表 5-2
事業開発を阻む3つの壁

事業戦略の
足し合わせ型
企業戦略

- 各事業の事業戦略を経営企画が束ねる形で企業戦略を策定
- 既存事業を軸とした成長戦略が中心だった時代においては合理的なアプローチ

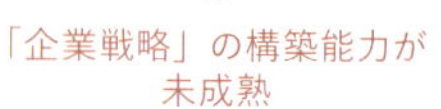

強い既存事業に
最適化された
オペレーティングモデル

- 既存事業の最高効率を求めたバリューチェーンとそれを支えるオペレーション、人事/評価制度、ITインフラ
- 経営層含め、事業開発経験者の圧倒的な不足

事業開発を定常的業務として
行うオペレーティングモデル
となっていない

流動性が低い
労働市場に起因する
同質化組織

- 同じ釜の飯を食ってきた共通の企業文化、価値観、知識、そして共通言語を有するチーム
- 同質化した人材の中から生まれる“似たような発想”

新たなものを生み出すことを
阻害/減速させる組織風土

出所：ボストン コンサルティング グループ

多いが、実際には、事業開発の「壁」として立ちふさがる日本企業固有の歴史的、構造的課題に経営レベルで対応しなくてはこの状況は打破できない。

具体的には、戦略、オペレーティングモデル、組織がその3つの壁だ（図表5－2）。

「足し合わせ型」企業戦略

多くの日本企業にとって断つことができない悪癖が、事業戦略の「足し合わせ型」、つまりボトムアップアプローチで企業戦略を策定することだ。もちろん、かつてこのやり方が合理的だったこともあった。既存事業の深掘りや既存アセットを活かしたピボットが成長戦略の中核だった時代には、事業をよく知る現場の主導で成長戦略を策定し、本社はそれをまとめることで戦略的に問題はなかった。また、経済全体が成長局面にあれば、事業部の中で資金を回すこともできる。キャッシュアロケーションという観点でも本社が果たす役割は限定的であった。

ところが、かつて稼ぎ頭だった既存事業の多くは競争環境の変化に直面し、「手なり」での成長を期待できなくなった。多角化が成長戦略の中心になると、現場主導に依存しない形での事業開発（既存事業のビジネスモデル変革と新規事業の創造の双方）を遂行することが必要になる。これはつまり全社の成長戦略を組み立てる方程式に、従来の新たな成長の種を「創る」ことに加え、既存事業の変革という「造り替え」、さらには、資金の捻出、マネジメントの複雑性を解消する観点で事業の売却および撤退という「手放す」も織り込む必要があるということだ。

なお、メインバンクによるバンクガバナンスの影響が弱まり、資本市場からの圧力が高まる中で、当然のことながら株主は企業にポートフォリオ全体の資本効率の最適化を求めている。多角化が数字の足し上げと受け取られれば、資本市場の納得を得られないため、説得力のある戦略ストーリーが不可欠であることはいうまでもない。

既存事業に最適化されたオペレーティングモデル

仮に、戦略ストーリーとしての全社成長、特定領域での事業開発の絵が描けたとしても、その「実行のＨｏｗ」が実装できないという課題が立ちはだかる。新規の事業領域への進出は、新商品開発とは異なりバリューチェーン全体の再設計を暗黙の前提としている。

ところが、既存の会社組織、特に大企業においては現在の事業を効率的に回すために長年かけて磨き上げてきたバリューチェーン、それを支えるオペレーション、人事・評価制度、ＩＴインフラが存在する。社内の管理職の多くはそれら現行の仕組みの改善経験はあっても、仕組みの全体像を新たにつくり直したことはない。また業務プロセスを安定的に回すためのさまざまな社内ルールが新規事業担当者の行く手を阻む見えない壁となる。さらには、経営層レベルでも既存事業しか経験してきていないことが多く、新規事業に対する理解が進まず、結果、案件が前に進まないという悩みもよく聞く。

本来であれば、大企業はその人材の厚み、アセットと資金力を武器に、事業開発においても圧倒的に有利な位置にいるはずなのに、新興企業との競争で有利に立てないことが多い。強みを強みとして活かせるアプローチが必要となっている。

流動性が低い労働市場に起因する同質化組織

この背後にあるもう一つの課題は、人材流動性の低さによる組織内の同質化だ。同じ釜の飯を食ってきた、共通の企業文化、価値観、知識、そして共通言語を有するチームは、コミュニケーションコストが低く、ある局面においては非常に効率的に業務を遂行することができる。

ところが、新規の事業開発に必要な着想は、異質なものの化学反応から生まれることが多い。また、新規事業を推進するうえで、事業そのものについての顧客の評価は高いのに、無意識に社内の常識にとらわれた同僚を説得するのに多大な労力と時間がかかるというような話もよく聞く。さらには、既存事業の変革を期待して、三顧の礼をもって迎え入れた中途採用のエースが、既存組織に埋もれて鳴かず飛ばずのまま数年後に退職してしまったなどは、どこの会社でも経験があるだろう。

ところが、事業開発における課題感を起点に全社の風土を変えられるかというと、ことはそう単純でもない。足元での稼ぎ頭は既存事業であり、従業員の過半はこれまで通りの業務を今後も当面継続していくことになるケースが多いからだ。

事業開発の成功に向けて経営として取り組むべきこと

これら3つの「壁」を乗り越え、「多角化」を軸とした事業開発を全社としての成長に結びつけていく切り札としてまず考えられるのがM＆Aの活用だ。「創る」「造り替える」

「手放す」、それぞれの実行手段としてM&Aや事業売却を活用してうまく進めれば、オペレーティングモデルや同質化組織の壁を比較的短い時間軸で乗り越えられる可能性がある。さらに、足し合わせ型戦略から脱却するためには、それぞれの打ち手をバラバラではなく有機的・戦略的に組み合わせて推進することが重要になる。

近年いくつかの好例も見られるものの、日本企業の多くは、こうした目的でM&Aを活用することを視野に入れているとはいいがたい。以下ではM&Aを活用した事業開発にどのように取り組むべきか、事例を交えて考えていきたい。

「創る」 新たな強みを外部から獲得する可能性もにらむ

新しい事業を創るときに、真っ先に考えるのが、自社の強みを活かして近接地へ染み出すアプローチだろう。時代とともに強みが変化している企業など、改めてこのアプローチを検討すべきケースもあるが、固執する必要もない。そのような発想から創れる事業は事業規模の観点でも事業数の観点でも限定的な傾向があるうえに、そもそも社内で通りのよい「強み」が、顧客視点で見て今の時代に本当の価値の源泉になっているかも定かではないことが多いからだ。

近年では顧客や市場を起点とするマーケットインのアプローチで、新たに生まれる市場や、大きな変化があり今後参入が難しくなると予想される市場への参入を優先し、強みとなる〝核〟を外部から獲得することで「創る」を実現する企業も現れている。

具体的な〝核〟となる事業を獲得するうえでのM＆Aの視点としては、「市場」「技術」「オペレーション（事業運営）」の3つの切り口が考えられる。

成長市場アプローチ　成長が予想される市場への参入・事業拡大に必須となる技術や機能を核として獲得するもの。たとえば、オランダに本社を置くグローバル化学企業DSMは石油化学事業を切り離し、今後成長が見込まれるニュートリション事業（最終製品として健康食品、サプリメント、医療食、幼児食となる原材料の製造事業）に進出した。中でも付加価値の高いプレミックス領域（各種栄養素、食品添加物をクライアントのニーズに応じカスタマイズして提供する事業）では、核となる技術を持つ企業をM＆Aで獲得し、その核を活かして最終市場を含め周辺領域への拡大を果たしている。

技術アプローチ　これから発展・高度化する新技術を核として獲得し、事業開発を行うもの。たとえば、米ゼネラル・エレクトリック（GE）は2016年に欧州の3Dプリンターメーカー2社を買収。3Dプリンターの技術を活用して、自社の航空機エンジンの部品点数を減らす効率化を図ることに加え、金属3Dプリンターや造形材料、およびコンサルティングを外部へ提供する事業、GEアディティブを開発した。

オペレーショナル・エクセレンスアプローチ　高度な事業オペレーション能力を武器に、核となる新たな事業を獲得するもの。たとえば米ダナハーはトヨタのＫａｉｚｅｎ方式をベースとしたダナハー・ビジネス・システム（ＤＢＳ）というオペレーショナル・エクセレンスの方法論を構築してきた。医療機器分野など、狙った領域で高い技術力を持つ企業を次々と買収してＤＢＳを導入、収益を向上させるという事業開発アプローチを行っている。

このように核を外部から取り込むことに加え、その核を丁寧に育てていくことも非常に重要だ。そのためには、後述するように、既存の事業から影響を受けないよう、出島のような組織をつくって推進していくことが有効だ。

「造り替える」　自らの中核事業を破壊するとしたら

自社の中核事業も永続的に成長するわけではない。毎年掲げている成長目標がいつしか達成できなくなり、気づけば利益率も下降へ転じる。一定の成長を続ける中核事業が聖域化され、メスを入れられない企業もあるかもしれないが、ひとまずそのような制約条件を設けずに思考してみよう。

既存事業の事業モデルを変革するうえで最初に考えてほしいのは、「自らの中核事業をディスラプト（創造的破壊）するとしたら」という問いである。ディスラプターが現れる前に自らディスラプトすればいいという発想だ。

デジタルやサステナビリティの要素を付加して製品価値の向上を行う。もしくは、既存事業にソリューションやサービスを付与して、製品単体の価値からエクスペリエンス、もしくはアウトカム（成果）へと、価値提供方法を変化させるなど、さまざまな形が考えられるだろう。製品の高付加価値化とソリューション・サービス化の双方を組み合わせて「造り替える」ことで、売上が拡大するだけでなく、得られる利益も大きくなる。また、消費者が他の製品・サービスへと乗り換えにくくなるスイッチング障壁をつくることも可能となり、中核事業から生まれるトータルキャッシュインフローの拡大にもつなげられる。

多くの場合、自らの事業を「造り替える」うえでは新たなケイパビリティ（組織能力）が必要となることが多い。したがって、既存事業の造り替えにおいても、他力をうまく活用することがカギとなる。

ホンダは2019年に米ドライブモードを買収した。デジタル・コネクテッド領域における新価値創造の強化が狙いだ。ホンダは2015年からオープンイノベーションプログラムを通じて同社と共同開発を行っており、5年を経て完全子会社化した形である。同社はその後、二輪車に乗車中にも電話、メッセージ、ナビゲーションを音声とハンドルにあるスイッチでコントロールできる「Honda RoadSync」を開発し、二輪車におけるエクスペリエンスを高めるホンダのソフトウエア開発部門として貢献している。コーポレートベンチャリングとM＆Aによってデジタルケイパビリティを獲得して「造り替える」ことを狙った動きだ。

また、アディダスは2021年にフィンランドの繊維材料会社であるスピノバに出資、翌2022年7月にはアウトドアブランド テレックスから、スピノバの開発した木材ベースの繊維を一部に使用したHS1パーカーを発売している。サステナビリティ関連の組織能力を外部から獲得、1年という短期間で自社の中核事業に取り込んで新たな競争を仕掛けている。

「手放す」 大事なものでも手放す準備を怠らない

事業開発するためのキャッシュの創出、マネジメントの複雑性解消に向けては、既存のポートフォリオの中から「手放す」事業を決めて売却やスピンオフを進めることが必要になる。そのときのポイントは、聖域を設けないこと、高く売却するために定常的に事業価値を高めておくこと、いつでも売却できる前提を整えておくことである。

聖域を設けないという観点では、売却の議論をする際に、あえて中核事業売却の思考実験から着手することを提案する。既存の中核事業はあと何年成長を続けられるのか、いつが売りどきか、それらを踏まえると、いつまでに次の柱をつくらなければならないかを考える。そのうえで、新しい柱を創ることにどの程度の投資を行うべきか、必要資金を考えると現在のポートフォリオ上のどの事業を今、売却しておくべきかという流れで思考すれば目先の非中核事業の売却では見えてこなかった戦略的な「手放す」計画が生まれてくるのではないだろうか。

高く売るという観点では、すべての事業について常に売却時の価値評価を高めることを意識しておくことや、考えられる売却先、ポテンシャルバイヤーを常にリストアップしておくことが望ましい。また、どのような取り組みが事業価値評価を高めるかという観点で施策の抽出を行い、売却想定時期の1～2年前から取り組んでおくことも有効だ。

私たちがしばしば経験するのは、いざ売却しようとすると事業として切り出すのに時間がかかる、外部とのライセンスの縛りなどで実質的に事業売却ができないという事態である。最近では買い手から見たときに手を出しやすいディールにするために、売却前にスタンドアローン化する取り組みを行っておくという企業もある。

「創る」「造り替える」「手放す」を戦略的に組み合わせて推進する

事業開発というと、個々の事業の立ち上げにおけるデザインシンキングやフライホイール（はずみ車。顧客に焦点を当てた好循環サイクルをいう）などの手法論に注目が集まりがちである。

もちろん、それらの手法は非常に重要ではあるものの、そこだけを見ていては「木を見て森を見ず」という落とし穴にはまり、多くのＰｏＣ（Proof of Concept：概念実証）を乱発する結果に陥りやすい。

個別の手法についての詳細は専門書に譲るとして、本書では、経営レベルにおいて全体を俯瞰し、企業価値最大化に向けてポートフォリオの全体像を「描く」という組織能力の重要性に触れておきたい。

最近では多くの企業が新規事業の創出に取り組んでいる。また、ＤＸを通じて中核事業の造り替えにもチャレンジしているし、手放すべき事業を持っている企業は売却の検討もしているだろう。ただ、これら３つを有機的に連動した形で定常的に行えている企業は非常に限定的だ。

「創る」「造り替える」ために必要な投資原資を「手放す」ことで得る。さらには中核事業を造り替えることによりキャッシュ創出を最大化し、それも投資へと振り向ける。このサイクルをよどみなく回していける企業こそが真に「成長できる力を持った企業」であるといえよう。

一方で、現状多くの企業でこの３つの機能は別々の現場が握っており、企業戦略を踏まえてポートフォリオ全体に及ぶ包括的な計画を策定し、実行をマネジメントしている企業はきわめて少ない。「創る」はR＆Dや新規事業系の部門などが、「造り替える」は事業部門とデジタル部門が、「手放す」は経営企画部門が個別に担当するのがよく見られる例だ。さらに、手法論としてのM＆A、コーポレートベンチャリング（CVC含む）はまた別の組織で別の管掌役員が担当しているケースもよく見る。

結果として、どの組織がどの新規テーマを担当するか、どのような手法論を用いるのか、体系的な計画に沿った取り組みができている企業が少ないのが実態だ。個別最適の計画をクリップで留めたような実行プランでは、資本効率を加味した高い成長目標は達成できないだろう。「創る」「造り替える」「手放す」の絵を描くところから実行するところまで、どの組織が何を担当するのかを整流化する必要がある。

もちろん、経営の役割は絵を描いて終わりではない。次の課題は、過去に流されずに未来を見て、胆力を要する意思決定を行うことができるかどうかだ。先述の通り、これまで来た道の延長線上を進むだけでは、成長を実現することが難しくなっている。新たな道に踏み出すにはこれまでに経験してこなかった意思決定が求められるということだ。

新たな市場、次々と生まれる新たな技術、多様な嗜好を持つ顧客、業界の垣根を越えて攻め込んでくる競合企業。情報のインプットそのものも難しいが、それらを企業として理解し、意思決定していく力が必要となる。「事業開発力」の大きな構成要素の一つがこの決める力なのである。

２０２４年のアクション――一歩踏み出すための工夫

　ここまでの話を受けて読者の多くは、「言わんとしていることはわかるが、それができれば苦労しない」という感想をお持ちではないだろうか。本章を読んですぐに行動に移せる少数の企業を除いては、まずは事業開発を成功裏に進めるための「準備」に早急に取り掛かることが２０２４年の具体的なアクションとなるだろう。

　そのためには、たとえば２０２４年の３月までにまずは以下の３つのアクションを実行してみてはどうか。

自社の実力を見極める

　はじめに、現状の延長線上での自社の実力を見極める。市場浸透戦略、新市場開拓戦略、新製品開発戦略でどこまでいけるのか「客観的」な評価を行ってみる。いうまでもなく野望や希望的観測を含めた数値ではなく、過年度の実績を踏まえたうえでの妥当な数値を置いたときに、どの程度まで自社の売上、利益が見込めるか、いつまでにどの程度の事業開発を行うべきか、時間軸と規模感を把握しよう。

推進体制を構築する

次に、「事業開発」推進の体制を構築する。事業開発チームの設立がその第一歩となるだろう。事業開発を推進する組織は既存事業の中で何かを生み出すのがミッションではないため、事業部から切り離した出島組織を準備する。

また、Ｍ＆Ａ以外にも必要な費用に対する予算も付与する。ＣＶＣには50億円、１００億円単位で予算をつけ、意思決定も一定程度権限委譲している企業が多いが、社内の事業開発部門に同様の費用や権限を付与しているケースは少数だ。創る、もしくは造り替える種を見つけるための投資という意味では、ビジネスリターンを求めるＣＶＣと同じであり、同等の予算・権限を付与すべきである。

さらに、社内から集められる人材だけで推進するのではなく、実行上必要な体制を社内、および外部から獲得し、事業開発に最適なオペレーティングモデルを構築しよう。

意思決定のレベルアップを図る

最後に、組織的な「決める力」のレベルアップを図る。新しいことを創る、中核事業を造り替える、今ある事業を手放す、どれもきわめて難しい意思決定が求められる。本来は自社の今後の方向性に鑑みて、ボードメンバーを正しい意思決定ができるようなメンバーに再構成することが求められるが、読者の多くは実行上の難度が高いと感じるだろう。そのような方々に3つの実用的なアクションを紹介する。

決めないリスクへの意識を高める　取り組みたい領域・テーマが決まっている場合は「アドバイザリーボード」を設置し、業界専門家やアナリストなど、その分野の知見を持つエキスパートからの〝気づき〟を得る機会を設ける。決めないことのリスクに対して目を開かせる場として活用できる。

「決めない場」で決めることを議論して理解を深める　意思決定する場とは異なる非公式な会議体、信頼できるメンバーで「決めるべきこと」の議論を行い、理解を深めるとともに、何がクリアになれば判断できるかを議論し、そのインプットを得たうえで決める場で意思決定をする。

決めることのハードルを下げる　意思決定が難しいトピックに関しては最初のタイミングで全部決める必要はない。刻む（小さい領域からスタートする）、時限化（1年、など進めたうえで見極める期限を決める）、リスクシェア（他社と共同でリスクシェア）などの方法で決めることのハードルを下げることも一案だ。

成長という重要かつ難度の高いテーマに対して、M＆Aなども活用しながら事業開発を行い、多角化を通じた成長に道筋をつけるアプローチを示してきたが、読者の方々にとって共感できるものであっただろうか。この本が出版されるタイミングは来期の計画の議論が佳境に入っている頃であろう。一人でも多くの読者が、本を閉じた瞬間に滾る思いを持って行動に移してくださることを切に願っている。

Chapter

6

イノベーション

——進化する手法と日本企業復活へのポイント

平谷 悠美 ● Hiratani, Yumi

ＢＣＧマネージング・ディレクター＆パートナー
一橋大学社会学部卒業。同大学大学院社会学研究科修了。
ハーバード大学経営学修士（ＭＢＡ）。
ＢＣＧヘルスケア・プラクティスの日本リーダー、
コーポレートファイナンス＆ストラテジー・プラクティスのコアメンバー。
共著書に『ＢＣＧが読む経営の論点２０２３』（日本経済新聞出版）など。

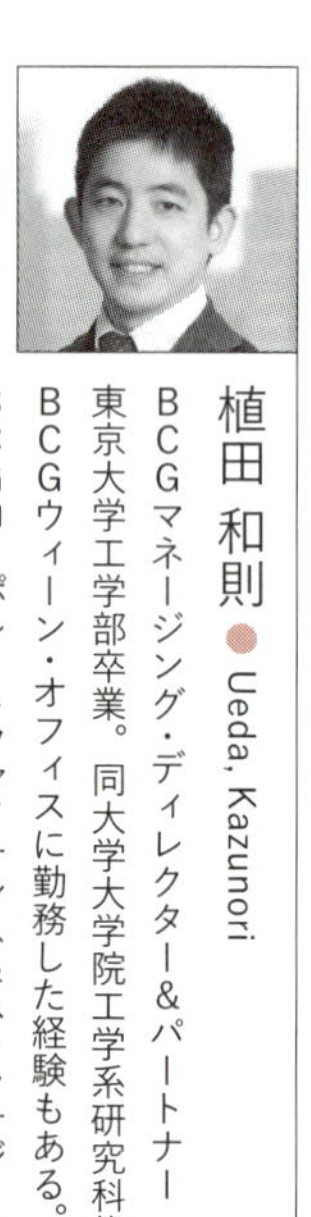

植田 和則 ● Ueda, Kazunori

ＢＣＧマネージング・ディレクター＆パートナー
東京大学工学部卒業。同大学大学院工学系研究科修了。
ＢＣＧウィーン・オフィスに勤務した経験もある。
ＢＣＧコーポレートファイナンス＆ストラテジー・プラクティス、
テクノロジー・メディア・通信プラクティスのコアメンバー。京都オフィス管掌。

B

CGが2023年に実施したイノベーションに関する調査では、世界的な景気鈍化傾向の中でも、イノベーション投資の手を緩めず、さらに強化しようとする企業が多い実態が明らかになった。その一方で、世界の先進的な取り組みに学び、イノベーションを実現することで大きな成長を図ろうと何年も試みてきたのに、思うような成果を出せない日本企業は依然として多い。その一因として、イノベーションのモデルや手法の選択肢が広がり、ますます一筋縄ではいかなくなっていることが挙げられる。

現代において革新的とみなされる企業の特徴から、変化・複合化するイノベーションの成功要件を分析し、日本企業がイノベーションを競争戦略の中心へと取り込むうえでの要諦を考察する。

イノベーションモデルの進化と、存在感が薄れる日本企業

「2050年までに温室効果ガスの排出をゼロにする」という目標に向けて経済産業省が推進するGX（グリーントランスフォーメーション）は、企業にとって政府の補助金を活用しながら、イノベーションを起こし、新たな事業を立ち上げる絶好の機会となる。たとえば、洋上風力発電は日本国内でこれから大きな需要が見込まれる新領域として有望視されている。

しかし、気になる点もある。プロジェクトを落札するのは商社などの日本企業だとしても、発電に用いる肝心の大型風車を見ると、日本勢はとうの昔に撤退し、独シーメンス系のシーメンス・ガメサ・リニューアブル・エナジー（スペイン）や、米ゼネラル・エレクトリック（GE）、デンマークのベスタスなど海外製品を調達してくるしかない。政府の補助金の相当額が海外に流出するということだ。環境・エネルギー技術で先行していたはずの日本企業は、どこに姿を消したのだろうか。

BCGは15年以上、グローバルでイノベーションに関する調査を定期的に実施してきた。企業の経営層を対象としたアンケート調査や、TSR（株主総利回り）など複数の基準で分析し、最もイノベーティブな企業についてのランキングを作成している。2023年と

図表 6-1
イノベーション上位企業の比較

2008年イノベーション企業ランキング

順位	企業	順位	企業	順位	企業	順位	企業	順位	企業
1	Apple	11	Amazon.com	21	The Goldman Sachs Group	31	DaimlerChrysler Corporation	41	Bank of America Corporation
2	Google	12	IBM Corporation	22	3M	32	Starbucks Corporation	42	Exxon Mobil Corporation
3	Toyota Motor	13	Research in Motion	23	Wal-Mart	33	eBay	43	News Corporation
4	General Electric Company	14	BMW Group	24	Target Corporation	34	Verizon Communications	44	BP
5	Microsoft Corporation	15	Hewlett-Packard Development Company	25	Facebook	35	Cisco Systems	45	Nike
6	Tata Group	16	Honda Motor Company	26	Samsung Electronics	36	ING Group	46	Dell
7	Nintendo	17	The Walt Disney Company	27	AT&T	37	Singapore Airlines	47	Vodafone Group
8	Procter & Gamble	18	General Motors Corporation	28	Virgin Group	38	Siemens Corporation	48	Intel Corporation
9	Sony Corporation	19	Reliance Industries	29	Audi	39	Costco Wholesale Corporation	49	Southwest Airlines
10	Nokia Corporation	20	The Boeing Company	30	McDonald's	40	HSBC Group	50	American Express Company

2023年イノベーション企業ランキング

順位	企業	順位	企業	順位	企業	順位	企業	順位	企業
1	Apple	11	Pfizer	21	Roche	31	Sony	41	Saudi Aramco
2	Tesla	12	J&J	22	Oracle	32	Sinopec	42	Coca-Cola
3	Amazon	13	SpaceX	23	BioNTech	33	Hitachi	43	Mercedes-Benz Group
4	Alphabet	14	Nvidia	24	Shell	34	McDonald's	44	Alibaba
5	Microsoft	15	ExxonMobil	25	Schneider Electric	35	Merck	45	Walmart
6	Moderna	16	Meta	26	P&G	36	ByteDance	46	PetroChina
7	Samsung	17	Nike	27	Nestlé	37	Bosch	47	NTT
8	Huawei	18	IBM	28	General Electric	38	Dell	48	Lenovo
9	BYD Company	19	3M	29	Xiaomi	39	Glencore	49	BMW
10	Siemens	20	Tata Group	30	Honeywell	40	Stripe	50	Unilever

注：ランキングの作成基準は2008年と2023年でやや異なる。企業名の表記はBCGレポートに合わせており、2008年と2023年で異なる企業もある
出所：ボストン コンサルティング グループ シニアエグゼクティブイノベーション調査2008、グローバルイノベーション調査2023、BCG分析

図表 6-2
イノベーションモデルの 5 つの類型

イノベーションモデル	クリエーター	ソリューション・ビルダー	エクスパンダー	ファスト・フォロワー	レバレジャー
	"We know best"	*"We're listening"*	*"Steal new share"*	*"Ready to react"*	*"We do it best"*
イノベーションの背景	プレミアム化戦略による明確な差別化	製品イノベーションの積み重ねによる着実な成長	規模と組織能力を活用し、新たな領域に参入	観察し、学習し、事業拡大する中で、戦略あるいはオペレーションの競争優位性を構築	注力する競争優位性(技術、アセット、アクセス)を構築し、育て、守る
優位性	想像力	顧客インサイト	唯一無二のアセット・アクセス	俊敏性とスピード	優位性のあるビジネスモデル
企業例	noma, Apple	P&G	Danaher, Amazon	Zalando, Reckitt Benckiser	ING, ZARA
共通の文化	・評価よりも、独創性と自律性を重んじる ・強烈なパーパス志向 ・自主性とチームでの向上の両輪を重視	・すり合わせを重んじる ・注意深い観察・評価を志向 ・顧客中心主義とサービス精神	・事業の自力立ち上げより、連携・統合を重視する ・グレーゾーンにおいても素早く動く ・先取りの精神	・ビジョンや独創性よりも、適応性やスピードを重視する ・継続的な努力よりも新たな挑戦を求める	・技術的熟練を重視する ・長期目線での戦略 ・完璧を追求する

出所：ボストン コンサルティング グループ

15年前の2008年の結果（図表6－1）を見ると、上位50社の顔ぶれはかなり変わったことがわかる。

特に顕著なのが、日本企業の存在感が低下していることだ。かつてはトップ10に日本勢が3社入っていたが2023年には1社もなくなり、代わりにアジア勢として韓国のサムスン、中国のファーウェイ（華為技術）やBYD（比亜迪）が名を連ねる。

現代において主流のイノベーションモデル

日本企業はなぜ劣後してしまったのか。その背景にあるのが、グローバル競争においてイノベーションが磨かれていく中で、優位性のあるイノベーションモデルが刻々と変化していることと、それらを成功に導く要因が複合化していることだ。BCGでは、現代において主流のイノベーションモデルを5つに類型化している（図表6－2）。

それぞれについて簡単に説明したい。「クリエーター」は、これまで誰も発見・実現していなかったものを創出し、高い価値を提供して大きな利益を得ることで、さらに新しいことに投資し、そのサイクルを回すモデルだ。アップルや任天堂の製品・サービスを思い浮かべてほしい。

「ソリューション・ビルダー」は、顧客が抱えるまだ満たされていない潜在的なニーズ（アンメットニーズ）を深く理解し、その課題解決策を新たな価値として提供する仕組みを体系的に持っている。いち早くニーズに応えることで、イノベーションを先導しながら利益も生み出している。

「エクスパンダー」は、顧客基盤が大きく強固であり、利益創出の源を持っていることが特徴だ。買収した会社の価値を向上させる能力もあり、新しい価値を世界に拡げていくモデルで、グーグルやアマゾン、マイクロソフトがあてはまる。規模は異なるが、NTTドコモもこの分類に属するといえる。

「ファスト・フォロワー」は、先駆者の動きを観察して、それを素早く効率的に模倣することが得意な企業だ。イノベーションの発見というより、広く市場に届けて普及させることに注力して価値を生む。

「レバレジャー」は、簡単に模倣できないビジネスモデルを構築し、その対象範囲やエリアを拡大することでイノベーションを拡げている。代表例はインディテックス（スペイン）が運営するＺＡＲＡ（ザラ）だ。毎年流行を予測して商品を仕込み、当たり外れに運命を賭けるのではなく、流行がわかってから商品を仕込めるサプライチェーンを組んだことがそれに当たる。

これらの５つの類型そのものには時代を超えた普遍性があり、いずれもイノベーションを社会に広げ、付加価値を大きく創出するモデルだ。しかし、業界、技術や競争環境の変化あるいは各企業の立地により、うまく機能するモデルは移り変わっている。さらにそこでのイノベーション競争を優位に進めるための手法も常に進化している。

変化するイノベーション手法

現在イノベーション巧者と見られている企業は、各業界において今の競争環境に合ったイノベーションモデルを構築してきた、あるいは素早く順応してきた。一方、日本企業の多くはかなり硬直的だ。先進事例にならい、外部の力を活用するオープンイノベーションやCVC（コーポレート・ベンチャー・キャピタル）、新規事業育成プログラムなどの多様な手法を取り入れてはいるが、自社が過去に成功したイノベーションモデルに最適化された体制・仕組みの中に足し算をしているような状況だ。

結果、旧来の枯れ始めたイノベーションモデルの枠組みの中で、ピンポイントで小さな成果は出せるものの、イノベーションにはつなげられず、悪戦苦闘している企業も多い。あるいは、自社のイノベーションモデルでは足元で大きな成功を収めている一方で、その次への漠然とした不安を感じ、新たな試行錯誤をしている企業も多くある。それらの企業は、別のイノベーションモデルを模索しつつも、成功しているからこそ変わることの難しさに直面している。

加えて、イノベーションを成功に導く要因として、①デジタル、②イノベーションのエコシステム、そして③国の支援とそれを企業がどう生かすか（アドボカシー）の3点の重要性が増し、旧来よりも複合化してきていることも、イノベーション競争に挑む日本企業にとっては見過ごせない動向である。

デジタル・ITの進化を生かせるか

まず、イノベーションの実現スピードに大きな影響を及ぼしているのが、デジタル・ITの進化である。アプリなどのデジタル製品では、完成品ではなくベータ版やMVP

（Minimum Viable Product：必要最低限の機能を備えたプロダクト）をユーザーに試してもらい、改善していくのがおなじみの手法となっている。

これはデジタルだけでなく物理的な世界にも拡がっている。テスラ車はネットワークに常時接続され、運転状況を集めてアルゴリズムを進化させ、搭載ソフトウエアを更新していく。従来の、完成品としてソフトウエアを搭載する設計思想とは、集まる情報も試行回数も大幅に異なる。

医薬品においてもデータとデジタルがカギとなる事例が見られる。モデルナは、新型コロナウイルスのメッセンジャーＲＮＡ（ｍＲＮＡ）ワクチンの研究開発にあたり、バリューチェーン横断でデジタルをフル活用した。開発競争を勝ち抜いた要因としてはｍＲＮＡというモダリティ（治療手段）そのものの特徴もあるが、決め手となったのは、膨大なデータに基づき高速で最適なｍＲＮＡの配列設計ができるようにしたシステムの存在である。

モデルナはコロナ流行よりもはるか前から膨大なデジタル投資をしてきたことで、ワクチンの高速設計を実現した。中国の科学者らが新型コロナウイルスの遺伝子情報をインターネットの掲示板に公開してからたった3日間でワクチン候補を設計し、42日間で臨床試験準備に至った。デジタル・ケイパビリティがワクチン競争の勝因になったのだ。

関係づくりの巧拙が問われる

次に、イノベーションを起こすためのエコシステムも、従前から指摘されてきたことではあるが、国内外の差はさらに広がっている。たとえば医療分野では、特定疾患領域の権威や患者が集まるクラスター（産業集積）にアクセスできれば、知見や情報を共有する速度が格段に向上する。

こうした知が集積する場は規模も重要だが、少人数であっても影響力を持つ人々の中にどれだけ入り込めるかという「関係づくりの巧拙」もイノベーションの速度の差になっていく。

米国には、50年以上の歴史を誇る老舗のベンチャーキャピタルがある。優秀な人材や技術者が起業家を目指し、そこに巨額のリスクマネーが集まり、新しい技術とビジネスモデルが生まれ、さらに大企業側にもそれらをうまく取り込んで成長する仕組みが定着している。それにより、起業家にとっても投資家にとっても出口の幅が広がり、より厚みのあるエコシステムが形成されている。こうしたエコシステムを競争戦略に組み込んでいる企業がイノベーションをリードできる。

それが端的に示された例として、新型コロナウイルスのワクチン開発競争に再度触れたい。日本企業は大きく出遅れ、純国産ワクチンが承認されたのは２０２３年7月となった。

これには各国の規制も関係しているとはいえ、２０２１年2月から世界中にワクチンを届けた、米製薬大手ファイザーの例は注目すべきだろう。同社はコロナ以前から外のイノベーションを取り込もうとする中でｍＲＮＡ技術に注目し、その先駆者でがん治療薬を開発していたドイツのスタートアップ、ビオンテックに目をつけていた。そこにコロナ禍が起こり、彼らの持つｍＲＮＡの技術を活用し、迅速にワクチンを開発できた。アンテナの張り方、スピード感、スケールアップには学ぶところが大きい。

またオープンＡＩとマイクロソフトもその典型例である。オープンＡＩは２０１７年にグーグルが公表した深層学習のアルゴリズム、トランスフォーマーに着目して、その可能性を引き出すために投資し、数年かけて技術を磨き上げてきた。このようなベンチャー企業の挑戦に対し、大企業であるマイクロソフトは、巨額の投資をしつつも、自社に組み込んで支配するのではなく、個性を活かす形でパートナーとして協働した。だからこそ、チャットＧＰＴはすぐに世界に広まり、誰もが知っている状態となったのである。

国のバックアップが勝敗を分ける

最後が、イノベーションに対する国のバックアップだ。これまで、イノベーションの芽があってもそれを拡大展開する段階で日本企業が後塵を拝する歴史が幾度か繰り返されてきた。太陽光電池、液晶パネル、リチウムイオン電池などは、技術競争では日本企業が最前線を走っていたのに、グローバルでの事業の拡大展開では独走できず海外企業に先を越

図表 6-3
主要国における企業部門の研究開発費

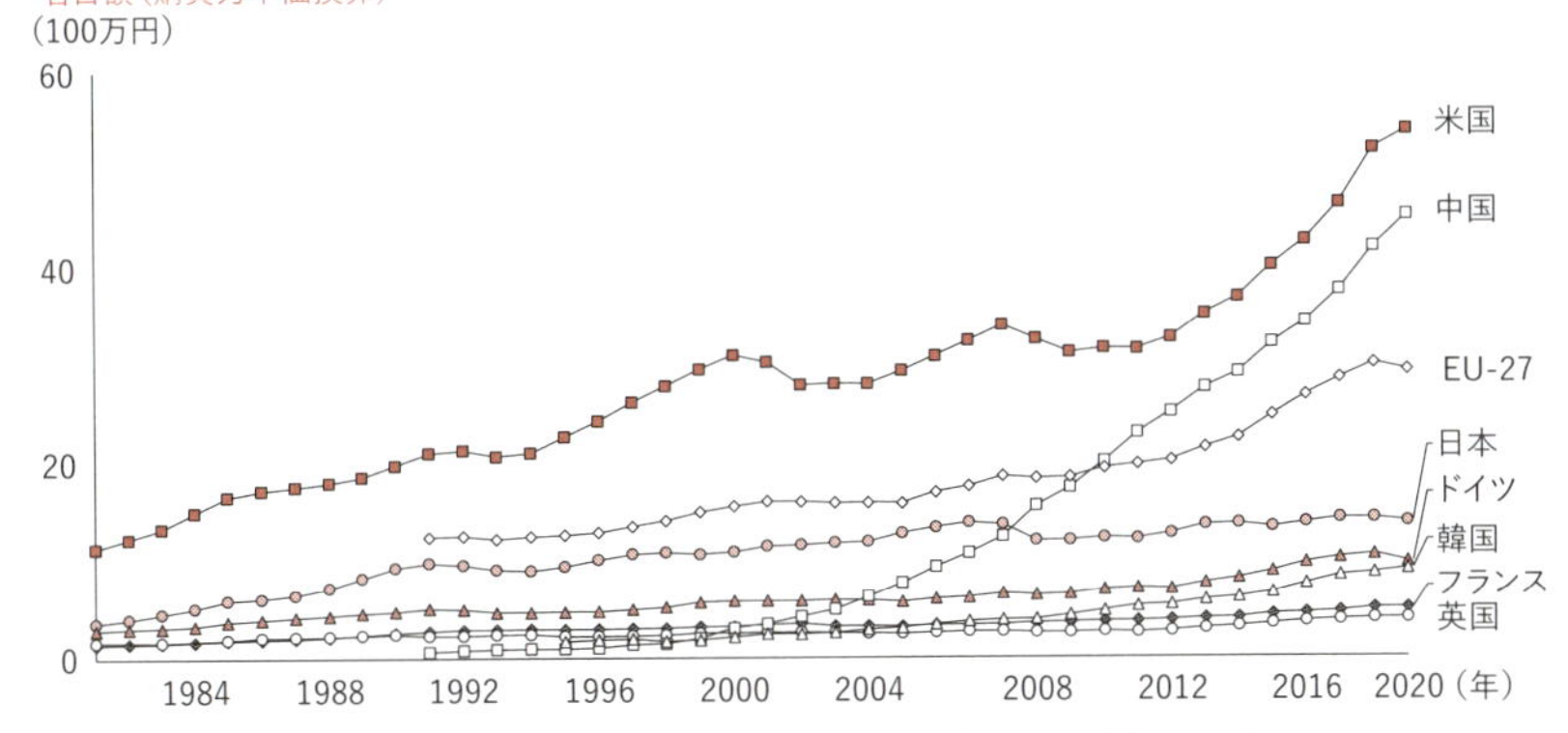

出所：文部科学省　科学技術・学術政策研究所「科学技術指標2023」を基に、BCGが加工・作成

されてきた。国別に企業の研究開発費を比較すると、主要国の中でも日本以外の国の企業は投資を伸ばしていることがわかる（図表6－3）。背景にある要因として民間企業だけではリスクを負いきれない産業を育成するために国が関与していることを忘れてはならない。

この動向は、アジアに限らず世界的なものだ。たとえば、日本企業は水素関連技術において要素技術開発では先行し、優位な立場にあったが、事業化・量産化に向けてアクセルを踏み切れなかった。その間に欧州では政府の支援を受けた企業が量産化に向けて舵を切っており、今後の量産化技術やコスト競争力において先行しつつある。

あえて単純化して語るならば、技術の

成熟に伴い、顧客から求められる優位なイノベーションモデルが、前述した5つの類型のうち、世の中になかったものを生み出す「クリエーター」から、顧客の潜在ニーズに応える「ソリューション・ビルダー」や、見て学び素早く拡大させる「ファスト・フォロワー」へと変化した。その変曲点で、国の産業政策もあいまった積極的な投資によってコスト低減を進められた企業が優位に立ったといえるだろう。

企業としては、自社が持つイノベーションの萌芽を活かして、イノベーションを成し遂げるために国の力をどう借りるかということも考慮すべき時代になっている。

革新的な企業の特徴

このように環境が複雑化する中でイノベーションを企業の成長につなげていくためには、イノベーションを目指す領域とイノベーションモデルを定めて、かつ、その実現に効果的な手法にリソースを集中させ、メリハリをつけた組織能力を培っていく必要がある。BCGの調査結果などを基に、グローバルにおいて際立って革新的な企業に見られる特徴を抽出すると、大きく5つ挙げられる。

特徴1 イノベーションの領域を拡大させている

イノベーションは、自社の中核領域を延長するイノベーション、自社にとっての新領域に踏み込むイノベーション、まったく新しい市場を創出するイノベーションの3つに大きく分けられる。

BCGの調査結果では、全企業で見るとこのうち中核事業の延長・隣接領域のイノベーションへの投資が最も多い。これに対し、対象企業を独自のツール（BCG innovation to impact＝i2i ベンチマーキング・ツール。イノベーションに不可欠な10の要素を評価する）で分析し「イノベーションの準備ができている企業」と定義された企業群では、新領域やまったく新しい市場への投資もそれぞれ3分の1と、バランスよく投資していることがわかる。2022年の調査結果と比べても、わずかではあるが新市場への投資を増やしており、景気が後退傾向にあっても新しい価値を創造する領域への挑戦をためらわない姿勢が見て取れる（図表6－4）。

韓国のサムスンは、かつては「ファスト・フォロワー」モデルで成長してきたが、現在ではさまざまな領域でイノベーションを起こすことで業績を伸ばしている企業の一例である。同社は研究開発に多額の投資を行っており、2021年だけで170億ドル（売上高の9％）以上と米国企業以外では最大の研究開発費を投じている。要素レベルの技術革新と製造方法の進化の両方に注力することで、新技術を定期的に市場に投入している。ス

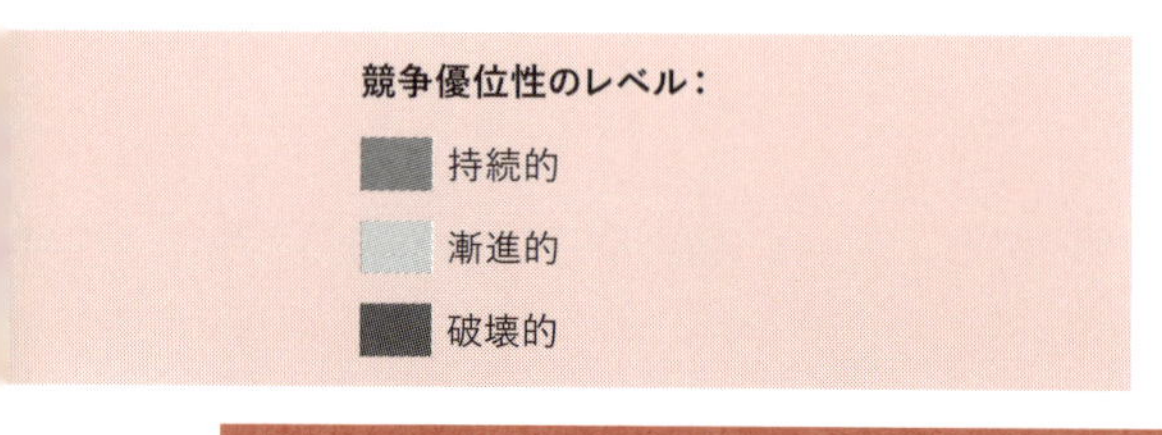

イノベーションの準備ができている企業

2022年

38
32
30

33
32
35

不確実性が高い・景気後退が
予想される中での2023年の計画

35
31
34

33
31
36

図表 6-4
イノベーションの準備ができている企業の特徴

イノベーションの準備ができている企業は、中核事業に近い領域のイノベーションから新しい領域のイノベーションに舵を切っている

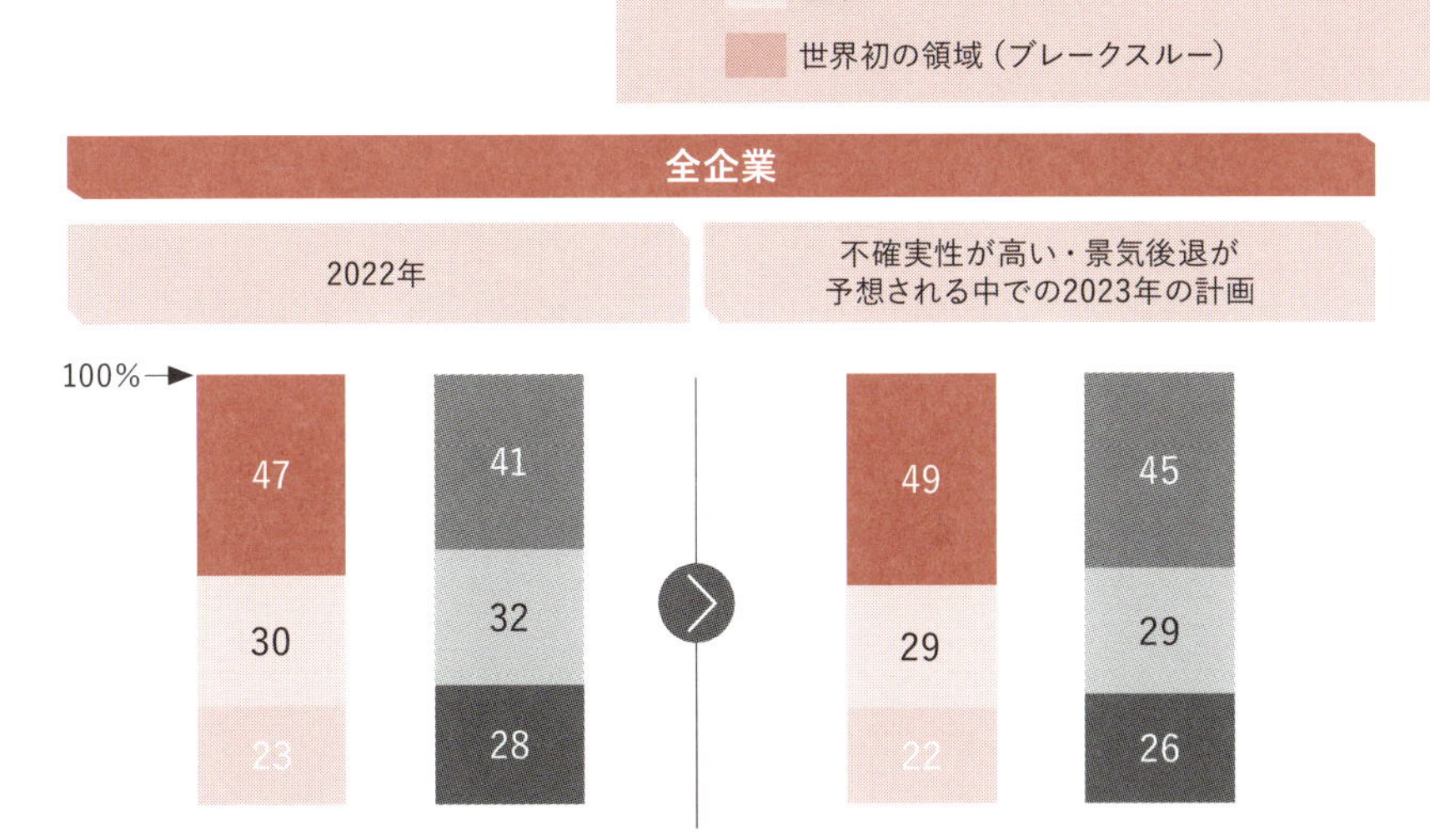

注：n=1,023 四捨五入の関係で合計が合わない場合がある
出所：ボストン コンサルティング グループ グローバルイノベーション調査2023、BCG分析

マートフォンやテレビ、ディスプレイといったかつての主力製品の市場が成熟する中で、半導体、ロボット、スマートホーム関連の製品、コネクテッドカー、医療機器などに進出することで競争優位性を高めているのだ。

特徴2　M&Aの力を活用している

中核事業の隣接領域や新市場でイノベーションを起こすためには、自社が持つ組織能力だけでは難しい。

BCGの調査でも、革新的な企業はそうでない企業に比べ、イノベーションを目的としてM&Aを積極的に活用していることがわかっている。「イノベーションの準備ができている企業」のうち、「M&Aのターゲット選定と実態調査（デューディリジェンス）にイノベーションの専門家を関与させる」と回答した企業の割合は全企業の3倍以上だった（図表6－5）。新しい技術やプロセスの獲得を目的としている企業も多い。一方で、「M&Aは重要な役割を果たしていない」と回答した企業の割合は全企業の半分以下だった。

買収を通じてイノベーション能力を高めている企業として、米マクドナルドを紹介したい。同社は2019年に音声ベースの会話技術を開発する米アプレンテと、パーソナライゼーションを得意とするイスラエルのダイナミック・イールドというスタートアップ2社を買収した。その後、新型コロナウイルス感染症のパンデミックにより外食事業が大打撃を受けているあいだ、買収した2社の技術を活用してドライブスルーの注文時間を30秒短縮し、店舗での食事が制限される中でも自社への影響を抑えることができた。

マクドナルドはまた、データ分析とグローバルなマーケティングインサイトを組み合わせることで、店舗内とデジタルでの顧客エンゲージメントを向上させる顧客体験チームを設立した。たとえば、ＡＩを活用した予測・推奨アルゴリズムを使って、顧客が購入したくなる可能性の高い商品をデジタルメニューで目立つように表示している。

特徴3 テクノロジーを活用する組織能力を確立させている

前述したように、デジタルやＡＩなどのテクノロジーの活用は、イノベーションの質やスピードにおいて決定的な要素となっている。特にＡＩはイノベーションの可能性を急速に高めている。

ＢＣＧの調査によると、61％の企業が２０２３年にＡＩ（機械学習を含む）に投資すると回答しており、これは投資対象の技術として2番目に回答が多かった「ロボティクスとプロセスオートメーション」よりも15％ポイント高い数字だ。

ＡＩに投資する企業の83％が一つ、ないし複数のユースケースでイノベーションを起こすためにＡＩを体系的に導入しているが、それを実際のビジネスインパクトにつなげられている企業は45％だった。これらの企業は、1年間あたりで他の企業の5倍以上のアイデ

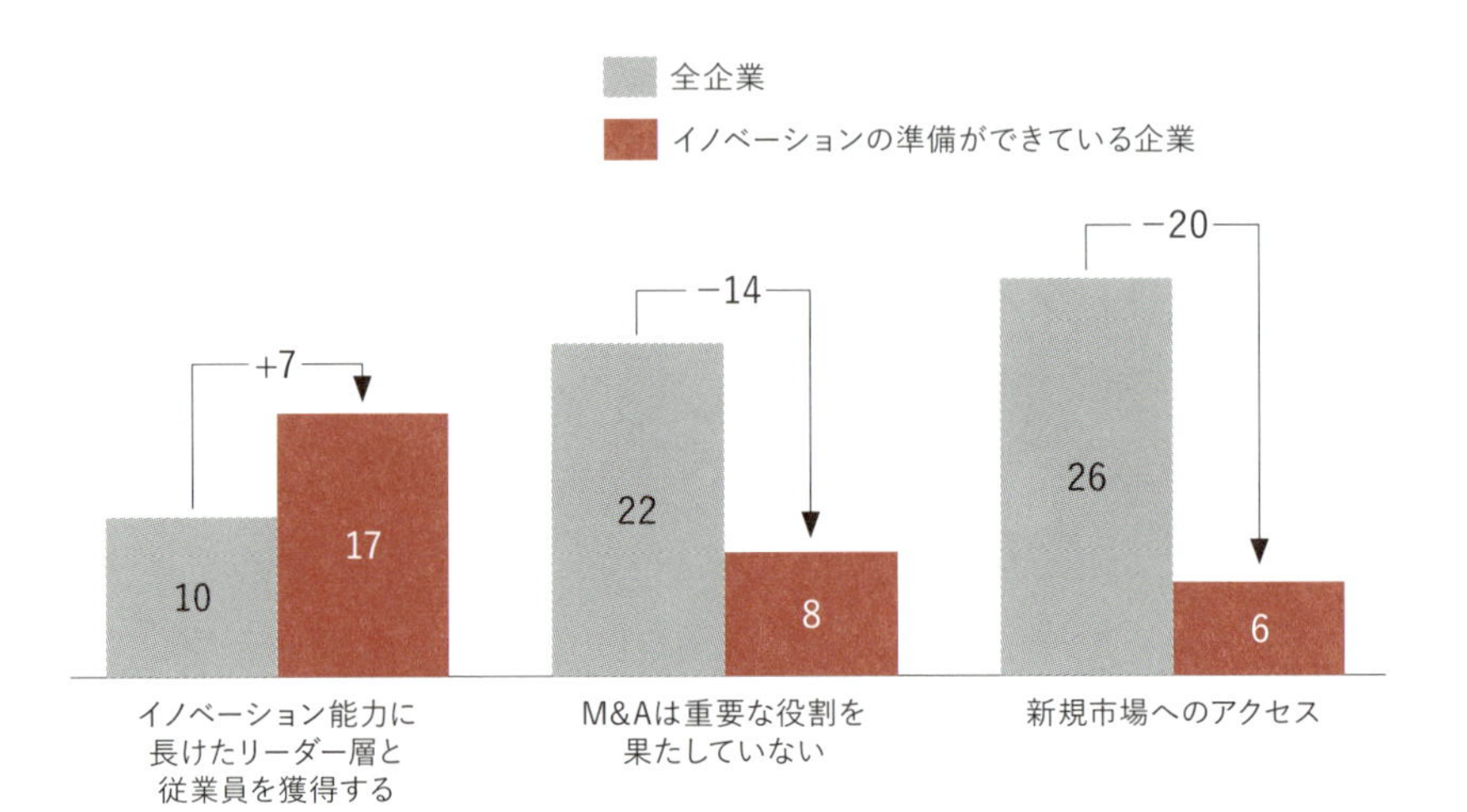
全企業
イノベーションの準備ができている企業
+7
10
17
−14
22
8
−20
26
6
イノベーション能力に
長けたリーダー層と
従業員を獲得する
M&Aは重要な役割を
果たしていない
新規市場へのアクセス

図表 6-5
イノベーション戦略におけるM＆Aの役割

企業は革新的な技術やプロセスを獲得するためにM&Aを利用し、イノベーションの専門家をM&Aに関与させている

不況・インフレ・不確実性が高い状況下のイノベーション戦略におけるM&Aの役割・位置づけ（1つを選択）

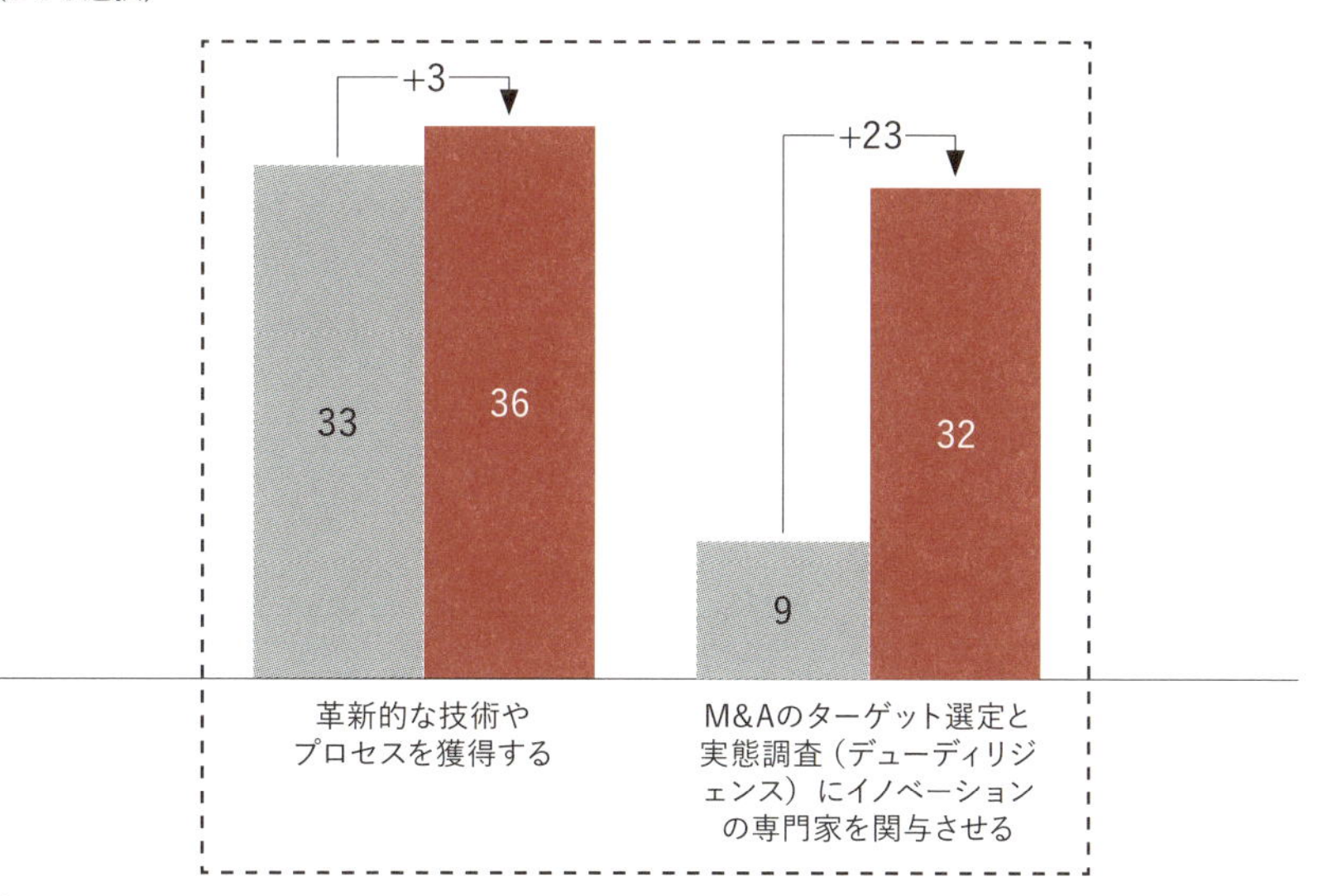

注：n=1,023
出所：ボストン コンサルティング グループ グローバルイノベーション調査2023、BCG分析

アを生み出し、2倍以上のMVPを開発していた。AIを導入することでより多くのアイデアを生み出すことができ、アイデアが多いほどAIの最適なユースケースを見つけられる可能性が高まる。先行する企業は、この好循環をつくり出しているといえる。

AI活用の一つのアプローチとしてジェネレーティブデザインがある。最適解を導くのに膨大な情報処理を要する問いを解くために、機械学習、AI、クラウドコンピューティングなどを組み合わせたアプローチを指す。チャットGPTで生成AIが着目される前から活用され、幅広い産業でイノベーションに活用されている。

たとえばエアバスは、米オートデスクのジェネレーティブデザイン・ソフトウエアを活用し、ギャレーとキャビンのエリアを仕切るキャビンパーテーションを設計。既存のものと比較し45%の軽量化に成功した。これを搭載したエアバスA320は453キログラム以上も軽量化でき、実に年間166トンのCO_2排出量削減につなげている。

同様にデンソーにおいても、自動車のエンジンに送り込む燃料の量、タイミング、点火時期を制御するエンジン・コントロール・ユニットの設計に、ジェネレーティブデザインを用いた。これにより、従来のものから12%の軽量化を実現させながら、放熱性能も両立させる設計に成功した。

製薬業界でも、ジェネレーティブデザインはこの数年多くの大手製薬企業で活用されている。AI創薬とも呼ばれる手法で、標的に対して最適な構造の分子を設計する際に活用されている。多くのメガファーマがこの数年、ＡＩ創薬の機能を提供するスタートアップやテクノロジー企業とパートナーシップを組んだ。

少し事例を挙げるだけでも、ファイザーとＩＢＭ、ノバルティスとマイクロソフト、アムジェンとエヌヴィディア、ブリストル マイヤーズ スクイブ（旧セルジーン）とエクセンシアがある。これらのパートナーシップを通じて創薬されたいくつかの化合物は、すでに臨床開発に入っている。

特徴4　ＨＲの仕組みを整備する

革新的な企業は、人材ポートフォリオの組み替え、チーム編成、ガバナンスなど、イノベーションを支えるＨＲの仕組みを導入している。イノベーションの領域や戦略に合わせた人材マップを作成し、それに沿って内部人材の活用や育成、外部人材の採用に関する戦略方針を明確にしている。特に、新しいイノベーション領域や組織能力を獲得するために、意思決定者を含めて外部の血を入れることを重視している。

グローバル人材を生かすガバナンスの仕組みも重要になる。海外先進企業は、グローバルの優れた人材や技術クラスターにアクセスできるよう、自国外に研究拠点を複数持ち、それらを起点にイノベーションにつなげている。優秀なグローバル人材を引きつけ、維持するためのガバナンスが不可欠だ。

これらの人材に関するポイントは特に日本企業が苦手とする点であるため、後段でくわしく紹介したい。

特徴5 イノベーションを生み出し、拡大させるための文化を持っている

ＢＣＧの分析では、リスクを受け入れ、協働を促進し、チームに自律性を与えるといった文化を持つ企業は、イノベーションに優れた企業になる可能性が60％高いことがわかっている。このようなイノベーション文化は、これまで特徴1〜4で語った戦略、ガバナンス、プロセス、組織構造、運用モデルといったイノベーションの「ハードウエア」上で動作する「ソフトウエア」のようなものであり、ハードとソフトの両方があってこそ強固なイノベーションシステムといえる。文化のあり方はイノベーションモデルに応じて多様だが、強固なイノベーション文化を築いている企業はいずれも、自社のイノベーションの成功に不可欠な行動規範を企業の仕組みとして埋め込み、日常の業務オペレーションにその行動を取り込むことに長けている。

たとえばユニリーバは、イノベーションに必要な文化の一つである「社内のR＆D部門だけに頼らない、外部の力の積極的な活用」を、そのための仕組みを構築することで実現している。同社の食品研究開発センターは、以前はオランダ・ロッテルダム郊外にあり、外部から触発されるような機会に乏しい状況にあった。またチーム内には社内の専門家し

かおらず、必要な専門知識を得られない場合も多かった。

そこで同社はまず、この研究開発センターを、欧州随一の食品・農業研究開発拠点であるオランダ・ワーゲニンゲン大学のキャンパス内に移転した。これによりチームが研究ネットワークに容易にアクセスでき、パートナーシップを組みやすくすることに成功した。

同社は、食品だけでなくホーム&パーソナルケア部門でも英リバプール大学内に拠点を設立し、新たな技術や専門知識を補強している。同社はさらに、パートナーシップにおける知的財産権（ＩＰ）の扱いについて新たなアプローチを導入した。2年以内にユニリーバが研究成果を使用しない場合は、その権利をプロジェクトのパートナーに譲渡できるようにしたのだ。これはチームが外向きの文化に移行するのを助けると同時に、パートナーにとってもユニリーバとの提携を魅力的なものにしている。

日本企業がイノベーションを競争戦略の中心にするために

ここまで紹介してきた革新的な企業と比べ、日本企業には何が足りないのだろうか。日本企業の多くが硬直的と述べたが、それはイノベーションに向けて柔軟性が必要という単純な話ではない。イノベーションモデルの5類型に示した企業を見ても、アップルもアマゾンも、それぞれがつくり上げた勝ちパターンを繰り返すことで、イノベーションが利益を生み、さらにイノベーションに投資する好循環を回している。その点に限れば、長期間にわたって硬直的であったともいえる。

イノベーションモデルにこだわる

イノベーション巧者は、好循環を生むための「規律」を明確にして、同時にその中での自由度があることで、組織に創発的かつ自律的なイノベーションを促している。

そう考えると、最も重要なことは、自社がこれから、どの領域で、どのイノベーションモデルで勝負していくかを明確にすることだろう。イノベーションが企業価値につながる構造をつくり出せないと、継続した投資ができない。仮にイノベーションの萌芽を生み出しても、継続的な投資をしてイノベーションを結実させ、企業としてその成果を最大限に刈り取ることはできない。逆に、イノベーションを目指す領域とモデルが定まれば、そのために効果的な手法、必要な体制などは自ずと見えてくるだろう。

暗黙のタガを外す

ただし、その際に、どれだけ暗黙のタガを外して、勝負する領域とイノベーションモデルを定めることができるかは、多くの日本企業にとってチャレンジとなっている。

その最たる例の一つが、長期のイノベーション戦略に沿ってR＆Dのポートフォリオとそれに伴う研究者のポートフォリオを柔軟に組み替えることだろう。長い目線で自社が注力する技術領域を定めたら、そこで突き抜けるために、戦略的にリソースを割り当て、それ以外では削る必要がある。

しかし、このR&Dのポートフォリオの組み替えを苦手とする日本企業が多い。それが研究者の入れ替えを意味するからだ。日本では雇用維持が前提となっているので、R&Dポートフォリオを組み替えたときに自社内で余った人材をどう活用するかが問題になる。担当を外れた研究者が専門性を活かせずに社内で別の研究に取り組むことも少なくない。

米国の医薬品業界では、2000年代後半に低分子医薬品から高分子医薬品へのシフトが生じた。多くのメガファーマが、既存の化学者中心の研究者体制から高分子医薬品の研究開発ができる体制に大胆に移行した。

まず多くの研究者をレイオフした。米国の人事関連コンサルティング企業によると、米国の製薬業界では2000~2010年に約30万人がレイオフされたという。この数字は研究者以外も含み、買収・合併などによる業務最適化によるものもあったが、このレイオフの規模や研究所の閉鎖数は過去に例を見ないレベルだった。

日本企業からすると、あまりに思い切った措置に見えるかもしれないが、この変革を機に、メガファーマは自社の創薬体制を筋肉質化し、バイオテック企業とのオープンイノベーションを強化し、高分子医薬品開発に拍車をかけた。これは派生効果としてバイオテック産業の活性化も促し、古い技術とされていた低分子での革新的新薬の開発もバイオテックを中心に進んだ。10年単位で考えれば社会全体で見てもイノベーションのサイクルがうまく回るエコシステムが構築された事例といえよう。

研究開発に欧米式の雇用体系を一部で取り入れている日本企業も出てきている。とがった研究をしたい分野では、一流研究者とアスリートのように期間限定契約を結び、成果が出なければ契約を打ち切るのだ。速度が重要な領域ではこうしたやり方も有効かもしれない。

ＡＩなどスタートアップが活躍している領域では、若い研究者でも実力があれば高い報酬を得て、成果を出している。企業としては、パフォーマンスを出さない研究者を抱える意味はないため、人材の入れ替わりが促進される。スタートアップは新しい雇用の受け皿にもなっている。こうした動きがさらに増えていけば、領域によっては米国と同じような水準でイノベーションを起こせる可能性がある。

このように暗黙のタガを外して、勝負するイノベーションの領域とモデルを定め、それに合わせて人材ポートフォリオをはじめとしたリソースを柔軟に入れ替えることは大仕事だが、それもまだ複合的な成功要因の一部でしかない。これ以外にも、次の点が日本企業にとって重要なポイントになりそうだ。

勝負する領域を可視化して、外部を生かす組織能力を向上させる

イノベーションを狙う領域や研究分野の可視化と言語化は、組織外の力を活用したイノベーションを行う前提条件でもある。どんな目的で、誰と、どのようなチャネルでつながるのかを考えるベースとなるからだ。日本企業もこれまで共同開発、産学連携、M＆Aなどを行ってきたが、スタートアップと連携するために、CVC、外部VCとの連携、アクセラレーター（創業間もない企業の育成組織）など複数のチャネルを併用し、目的に合わせて使い分けるところには改善の余地がある。

M＆Aや創業～初期段階のスタートアップに少額投資をすることは容易だが、そこから成果を引き出すためには、相応の組織能力が求められる。たとえば、特定の技術領域を強化したいケースにおいて、仮に目利き力があって良い企業を買収できても、合併後に優秀な研究者がごっそり辞めてしまえば、目的だったR＆D能力は得られない。組織外の力を活用したイノベーションによって成果を出すためには、他社のエッセンスを自社に取り入れる仕組みや組織能力にも目を向ける必要がある。

研究力が高く過去にR＆Dの成功体験がある企業ほど、自前主義を重視しがちだ。外部の力をうまく活用するには、何をどういう機会で事業化するのかというVC的な目利きと、研究そのものに対する造詣の深さの両方が必要である。どちらが欠けても、思うような成果は得られず、高くつく結果となる。

大きな風をつかんで悪循環を断ち切る

ＢＣＧの調査では、経済成長が鈍化傾向にある現在でも、世界の企業はイノベーションの優先順位を下げず、投資も減らしていないことがわかっている。前回の景気後退期である２００９年の調査時と比べても、投資が大きく増えている（図表６－６）。

世界経済の動向には不透明さがあっても、ＧＸや生成ＡＩといった社会構造転換の大きな風をつかもうと、投資を緩めていなかったのである。

現在日本でも注目度が高まっているＧＸや生成ＡＩに関する取り組みは、自社のイノベーションのポートフォリオを見直す機会になる。競争の激しい市場でイノベーションの萌芽を生み出せたとしても、持続的に勝ち続けるのは難しい。自社がどの分野で勝負するのか見極め、アンテナを張り、政府やスタートアップも含めて外部とネットワークを築き、時間とお金を投資することが大切だ。そして、厳しい話になってしまうが、成長の見込めない事業からの撤退やカーブアウト（事業切り離し）も覚悟を持って進めなくてはならない。それにより浮いたコストを、次のイノベーションへの投資につなげるべきだ。

「脱平均化」でメリハリをつけながら、創造性を発揮するための自由度と規律のバランスをとっていけば、日本企業のイノベーションは大きく変わるはずである。

図表 6-6
イノベーションの優先順位と投資の動向

イノベーションを優先し、投資を増やす傾向は、前回の景気後退期である2009年の調査時よりもはるかに強くなっている

イノベーション・研究開発・製品開発は、貴社の優先事項の中でどのような位置づけですか？（%）

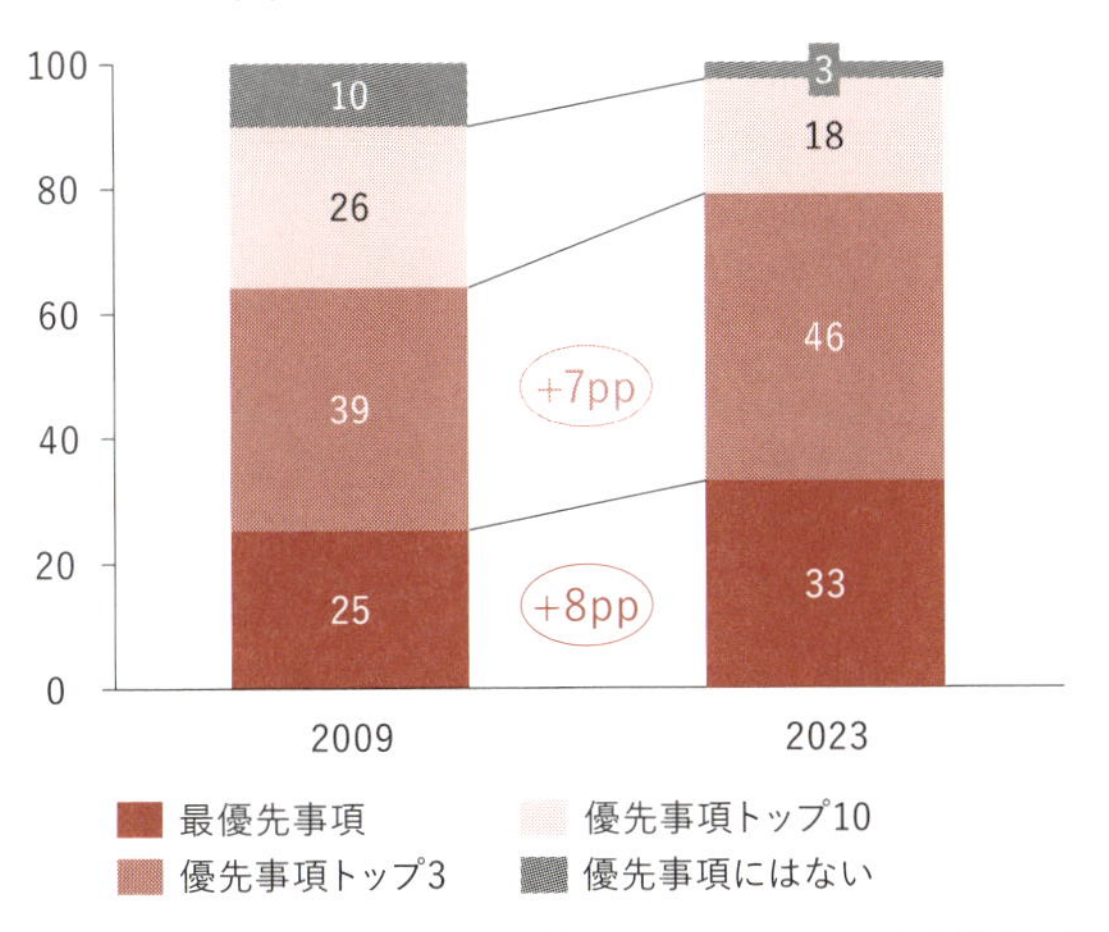

マクロ経済要因を受けて、貴社のイノベーション・研究開発・製品開発に関する投資は今年、どのように変化しますか？（%）

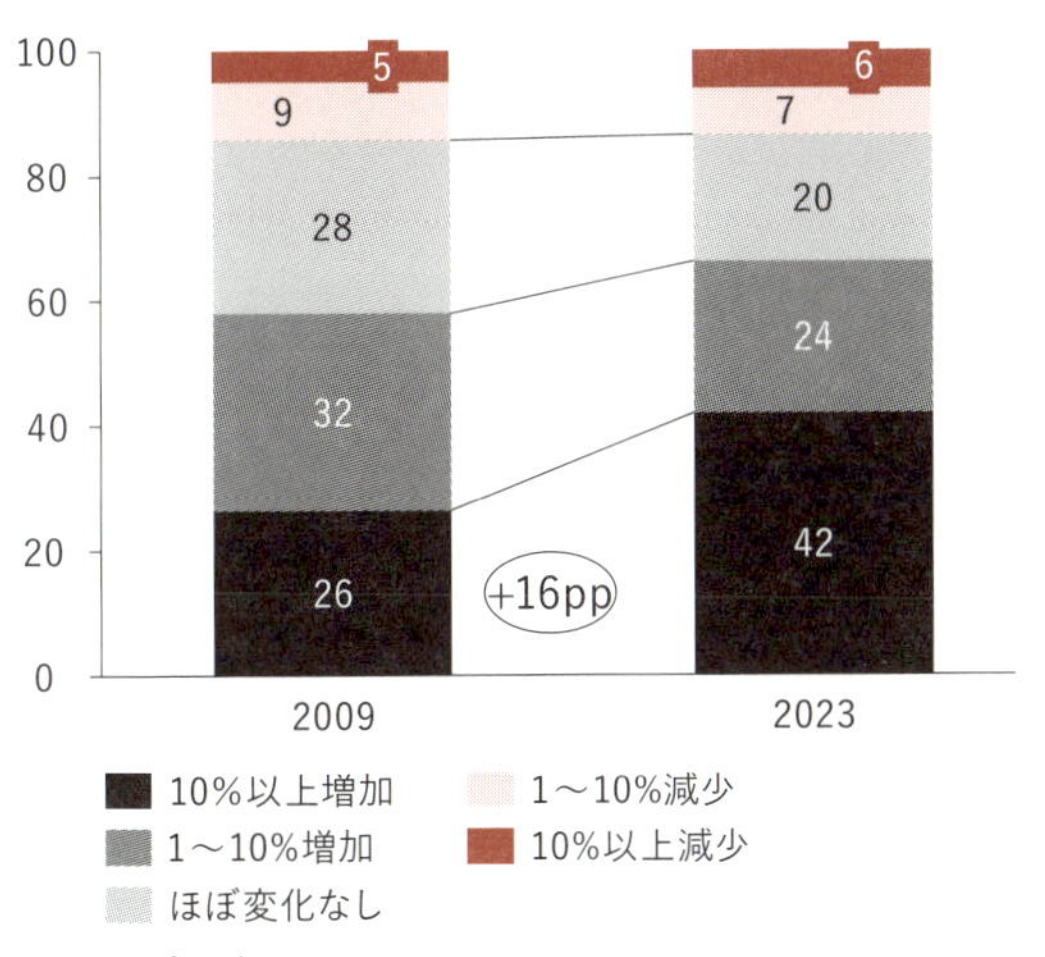

注：n=1,023 pp=パーセントポイント
出所：ボストン コンサルティング グループ グローバルイノベーション調査2023、BCG分析

Chapter

7

プライシング

——インフレ時代の「値付け」戦略

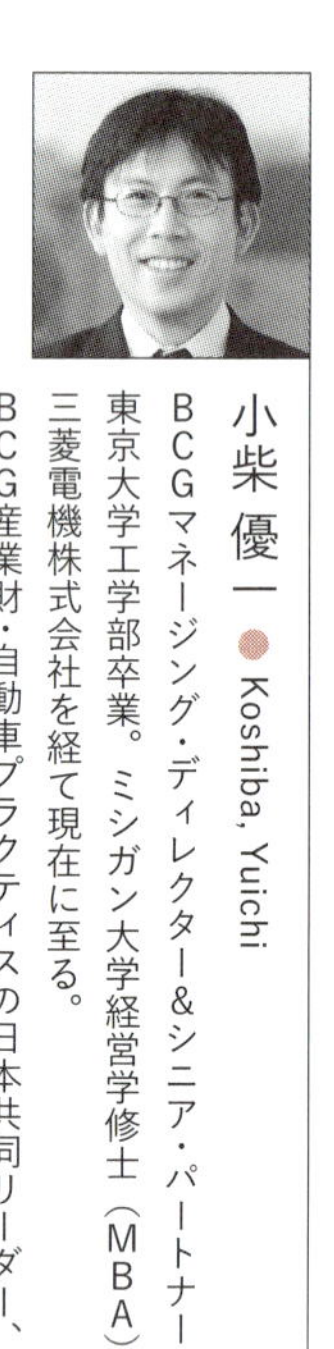
小柴 優一 Koshiba, Yuichi
BCGマネージング・ディレクター&シニア・パートナー
東京大学工学部卒業。ミシガン大学経営学修士（MBA）。
三菱電機株式会社を経て現在に至る。
BCG産業財・自動車プラクティスの日本共同リーダー、
テクノロジー・メディア・通信プラクティスのコアメンバー。

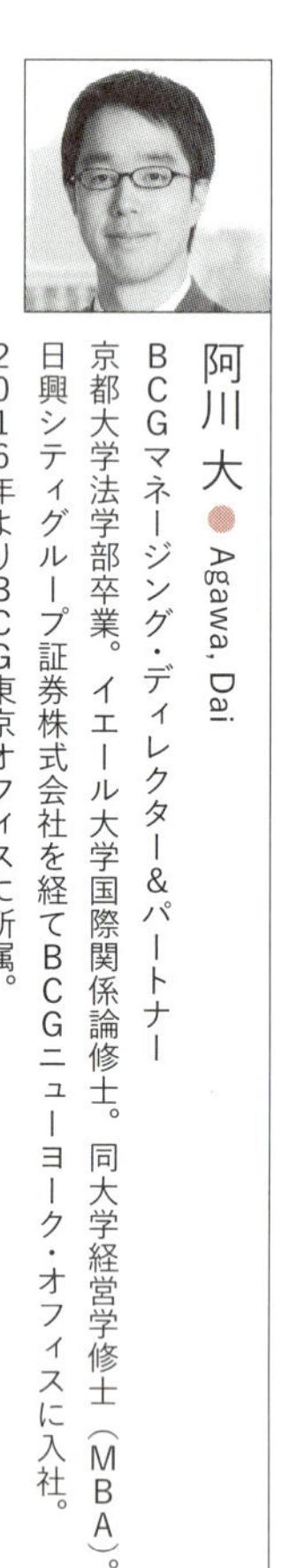
阿川 大 Agawa, Dai
BCGマネージング・ディレクター&パートナー
京都大学法学部卒業。イエール大学国際関係論修士。同大学経営学修士（MBA）。
日興シティグループ証券株式会社を経てBCGニューヨーク・オフィスに入社。
2016年よりBCG東京オフィスに所属。
BCGマーケティング・営業・プライシング・プラクティス、保険プラクティス、
消費財・流通プラクティス、および組織・人材プラクティスのコアメンバー。

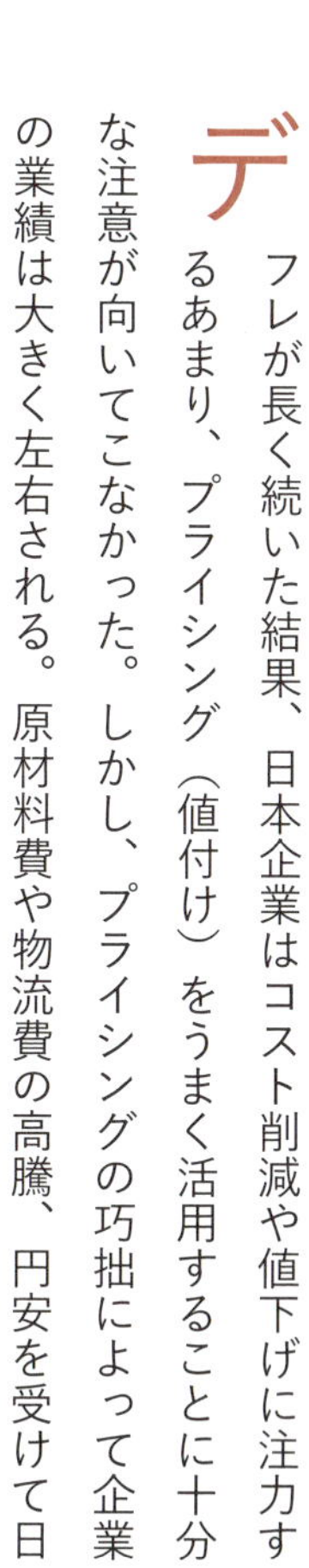

デフレが長く続いた結果、日本企業はコスト削減や値下げに注力するあまり、プライシング（値付け）をうまく活用することに十分な注意が向いてこなかった。しかし、プライシングの巧拙によって企業の業績は大きく左右される。原材料費や物流費の高騰、円安を受けて日本経済がインフレ基調に転じる中、どの企業もプライシング能力を高めていく必要がある。

グローバル環境で戦ううえでもプライシング能力向上は必須である。ＡＩをはじめとするデジタルテクノロジーを組み合わせれば、ダイナミック化やパーソナライズなどの高度なプライシングが可能であり、中期的にさらなる進化も見込まれる。

Ｂ２ＣとＢ２Ｂの両方の観点から適切なプライシングについて考えたい。

なぜ値上げがタブー視されるのか？

デフレが長く続いた日本で、最近ようやく消費者物価が上昇に転じている。原材料費や物流費の高騰、円安などを受けて、日本企業は上昇を続けるコストを価格に転嫁せざるを得なくなった。

「失われた30年」の間、多くの日本企業ではいかに商品やサービスをより安く提供するかが重要な経営課題となり、値付けに関する組織能力を構築することにはあまり目を向けてこなかった。その時代の経験を基に経営層の多くは、値上げしようものなら、販売量が大幅に減少するのではないか、大事な顧客が離れてブランドを毀損するのではないかと、リスクに敏感になりやすい。

しかし世界的に見れば、これほど値上げをタブー視する風潮はかなり特殊である。プライシング能力の優劣は業績や企業価値に直結する。歴史的に日本企業は「数量」に着目して売上や利益を伸ばそうとする傾向があるが、欧米企業は資本市場や投資家からのより強いプレッシャーを背景に、より短期間で業績を向上させる施策としてプライシングを常に念頭に置いている。グローバル競争力を考えると、日本企業はもっと「価格」を体系的かつ戦略的に捉えて対策を講じる必要がある。

実際に、欧米の企業と比べて、日本企業のプライシング能力は後れをとっている。たとえば、日本では営業担当者などが勘や経験に基づいて感覚的に値決めすることが多い。全社的なプライシング戦略に沿って、データに基づいて適切な価格を判断したり、不要なディスカウントをしていないか定期的に点検したりするガバナンスの仕組みも整備されていない。プライシング専門の人材・チームがいることも非常に稀だ。プライシングが戦略や通常業務の一部である欧米の企業との差は大きい。

B2C（一般消費者向けビジネス）、B2B（法人企業向けビジネス）を問わず、企業にとって値上げは避けて通れない。原料費の上昇分をそのまま価格に上乗せする単純な方法では、賢い値上げとはいえない。そうした「守りの値上げ」ではなく、企業が努力して生み出した付加価値に見合ったリターンを得る「戦略的な値付け」が重要だ。では、どのようなプライシングを行えば、適切なのだろうか。

適切なプライシングとは

適切なプライシングは、業種や業態、扱う商材、市場におけるポジション、対象顧客など、企業の置かれている状況によって当然異なる。

高度に差別化された商品やサービスを持ち、代替品がない場合、企業の価格交渉力は大きくなる。一方、価格認知が広く、汎用的かつ競争が激しい市場であれば、価格は需要変動に左右されやすく、利益率と数量のトレードオフをより厳密に見極めて値付けをする必要がある。

Ｂ２Ｂか、Ｂ２Ｃかによっても、プライシングの考え方や方法論は異なる。Ｂ２Ｂは売り手も買い手もプロが参加する市場だ。コストや差別化度合いなど、お互いの手の内を知り尽くしたうえで交渉に臨む。Ｂ２Ｃでは、企業と消費者の間に情報の非対称性が存在し、消費者は基本的にその商品がどのくらいのコストでつくられているかを知らない。反面、買い手の数は多く多様であるという複雑性を持ち合わせている。

このような違いはあるものの、Ｂ２Ｂ、Ｂ２Ｃを問わず、どの企業にも共通して重要なプライシングの考え方は存在する。自社の置かれている状況について正しく理解しながら、顧客価値を起点に考え、価格の公平性、付加価値の訴求、透明性を実現することである。

顧客価値を起点に考える

ＢＣＧでは３つのレンズを組み合わせてプライシングを考える。Customer＝顧客、Competitor＝競合企業、Cost＝コストである。日本企業は現状では、コストと競合に比重を置く傾向がある。１００円の商品であれば80円の原価に対して20円の利益を乗せるというコストプラスの考え方か、競合の価格を見ながら同等もしくは上下に調整する方法だ。

図表 7-1
原価積み上げから、顧客価値を起点にしたプライシングへ

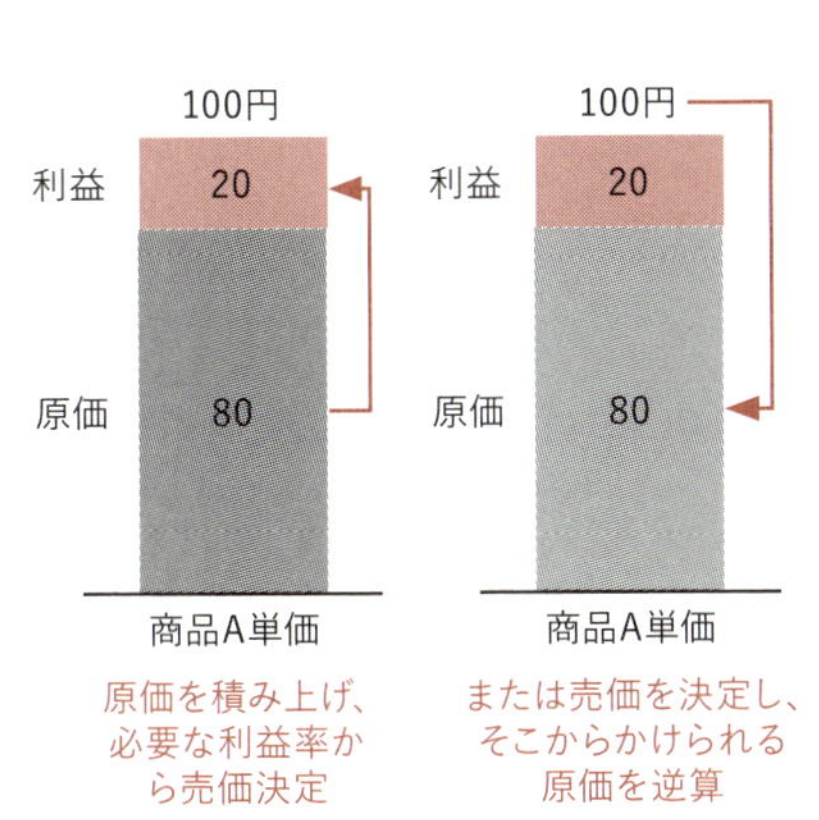

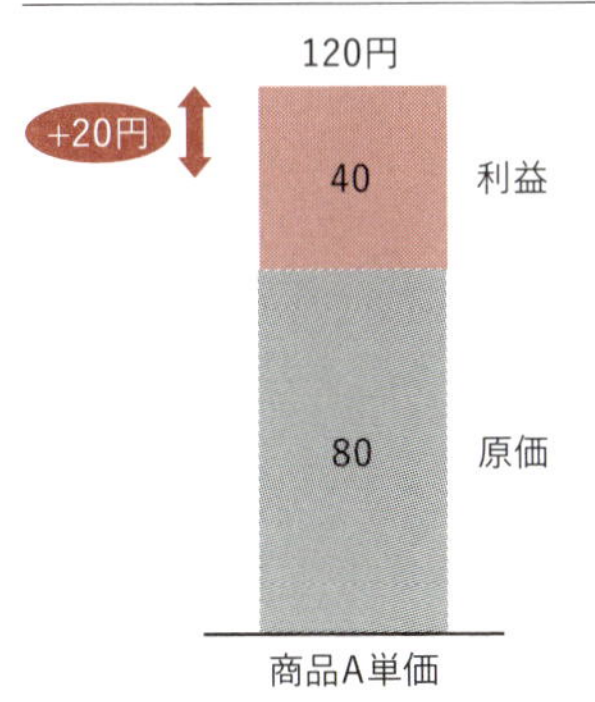

出所：ボストン コンサルティング グループ

顧客がどれくらいの価値を感じているのか、いくら払っていいと思っているのか、という観点が十分に検討されていない（図表7－1）。

B2Cの場合、極論すると、顧客が買ってくれる価格が適正ということになる。したがって、顧客価値を起点にする、つまり、顧客が払ってもかまわないと思う価格＝WTP（Willingness to Pay）から逆算すると、消費者が良いと思っている商品・サービスは現状よりも適正価格を上乗せする余地が見つかる可能性がある。

WTPは消費者調査や過去の購買データの分析などで測定できる。差別化された商品・サービスであれば

自ずとWTPは高くなる。そして、WTPは同じ商品・サービスでも状況により変化する。一杯の飲み物を例にとっても、高くても座って飲みたいのか、普段使いだから安くないと買わないのか。街中、オフィスビル、リゾート地などの場所、あるいは、時間帯によってもWTPは変わる。

一方、B2Bにおける適正価格は基本的に、競争環境に基づく市場価格、もしくは、その企業が提供する付加価値によって決まる。その企業のみが提供できる商材であれば、顧客企業は高いプレミアム（上乗せ分）を払ってでも購入するが、同等品質の商材を複数社が提供していれば競争になり、市場の最安値と最高値の間で市場価格が決まる。企業としては、その市場価格よりもどれだけ高いプレミアムをとれるかが勝負となる。

なお、B2Bでも、B2C同様、何を付加価値と感じるかは顧客企業によって認識に違いがある。品質の良さを求めることもあれば、期日までに必要な数量をきちんと届けることを重視することもある。やはり顧客企業の付加価値の捉え方を的確に把握し、納得してもらえるプレミアムを設定することが重要になる。

価格の公平性と付加価値の訴求

一般的に、企業にとっての最適な価格とは、短期的に利益を最大化できる価格ではなく、持続可能かつ公平な価格である。言い換えると、可能だからといって、より高い価格にすればよいというものではない。

たとえば、需要に応じて価格を変えるダイナミックプライシングを用いているモビリティ・サービスが、災害発生時に極端に高い価格を提示したところ批判が殺到し、上限を設けるようになった。自社の提供する商品・サービスの対価が、顧客にとってフェアでないと判断されれば、そこに大きなリスクをはらむ。価値を総取りせずに、一部を顧客に残しておくほうが賢明な戦略になることもある。価格調査にとどまらず、こうした塩梅を見極める戦略的な判断が賢いプライシングだ。

同時に公平性の考え方については誤解もある。B2Cでは大勢の個人顧客を相手にするので、誰にでも公平になるよう同一価格を設定することが多いが、一物一価が必ずしも公平とは限らない。所得に応じた学割やシニア割を設定したり、スーパーで生鮮食品を売り切るために夕方に値引き販売したりすることは、一物一価から外れるが、一般的に不公平だとはみなされていない。

B2Bの場合、適正な利益率と公平性について、消費者の感覚と少し異なるところがある。たとえば、コストに対して10%ではなく40%の上乗せ価格にすることが法外な値付けだとは一概にはいえない。というのは、次世代以降の製品開発を見据えたうえで設備投資に充当できるだけのキャッシュを確保する必要があるからだ。

本来は必要なプレミアムを獲得せずに、市場価格に引きずられた値付けに甘んじていれば、事業の持続性を損なうことになりかねない。ライフサイクル全体を考慮に入れて適正価格を考えて訴求する必要がある。

顧客が求めているのは、その価格の妥当性や値付けの背景について直観的に納得できることだ。一物多価でも相応の説明ができれば、適正だとみなされる。たとえば、ゴールデンウィークや年末年始の旅行代が高くなることには納得感があり、一般消費者は不承不承だとしても受け入れている。

ただし、そうした場合には丁寧なコミュニケーションが特に重要になってくる。裏切られた、フェアな企業ではないと顧客が感じた瞬間に、顧客の心は離れ、ひどい場合は不買運動など悪影響につながる。難しいのは、事実を正直に述べれば正解というわけではないことだ。

ＢＣＧが行った調査では、消費者への値上げの説明として、「人件費」よりも「原材料」の高騰が理由として受け入れられやすいことがわかった。日本のように値上げへの抵抗感が強い市場では、新商品・サービスを出すタイミングで、「このような努力をして付加価値をこのように高めたので、価格も上げる」というように、顧客にとっての価値と組み合わせて説明するなど、納得性を高める工夫が求められる。

価格・利益の透明性

適正な値付けをするためには、商品やチャネル、顧客ごとに価格・利益がどれくらい出ているのかを正確に把握できていることが必要要件となる。自社の利益（コスト）構造の透明性が担保されなければ適正な値決めをしようがなく、それは顧客からみても価格の納得性に疑問符がつくことにつながる。Ｂ２Ｃ、Ｂ２Ｂに関わらず価格や収益を平均で見ている場合が多く、そのために不要な値引きをしていたり、収益性が低くなっている領域・ケースが見落とされたりしている。

これを脱平均化（De-Average）することで、取りこぼしていた収益機会を見出すことができる。実際にはＢ２Ｃ、Ｂ２Ｂで異なるので、後続のそれぞれの項目でも取り上げる。

Ｂ２Ｃのプライシング手法

次に、Ｂ２ＣとＢ２Ｂのそれぞれの領域において少し具体的に見ていきたい。

プライシングといえば基本価格の変更を思い浮かべるが、プライシング施策はＢ２Ｃだけでも実に多面的だ。図表７－２に整理したように直接的プライシングと間接的プライシングに分けられる。

図表 7-2
プライシング施策は基本価格設定の他にも多く存在

カテゴリー		施策	詳細
直接的プライシング	価格設定	1 基本価格設計	アイテムプライシング、価格体系のシンプル化 など
		2 オケージョン別プライシング	ロケーション、時間帯、など
		3 デモグラ別プライシング	シニア価格、学割、など
		4 ダイナミックプライシング	需要予測に基づく動的な価格設定
		5 パーソナライズドプライシング	顧客ごとの価格設定
	ディスカウント最適化	6 マークダウン最適化	値下げ対象・期間・値下げ幅の最適化
間接的プライシング	パーソナライゼーション	7 クーポン最適化	クーポンの出し分け
		8 リワードプログラム設計	ポイントプログラムの高度化
	オファリング最適化	9 パッケージサイズ・形態の最適化	需要に応じた新サイズ、新パッケージの開発
		10 新商品・セット開発	需要に応じた追加商品やセットの開発
	商流マネジメント	11 販促費の最適化	方針策定、コスパの高い領域への注力
		12 取引条件の最適化	顧客優先度づけ、契約内容の変更
		13 チャネルミックスの最適化	チャネル優先度づけ、チャネル別価格設定

出所：ボストン コンサルティング グループ

直接的プライシング

まず基本的なところから見ていこう。B2Cで新しいことを試したいときには、地域や店舗、対象者などを限定してパイロットテストを行い、実際の反応を見ながら微調整する方法をとることができる。値付けの際にも、トライ&エラーで顧客価値を理解する方法も存在する。

値上げ幅の検討において、数円の差をめぐって社内で喧々諤々(けんけんがくがく)の議論になりがちだが、顧客側はそこまで正確に価格を覚えていない場合も多々ある。購入頻度の低い商品のほうがその傾向が強いが、高頻度の購買品でさえあてはまる。

たとえば、昨日スーパーで買った牛乳の値段を正確にいえるだろうか。その価格は税込みか、税抜きか。確信を持って答えられる人はそれほど多くないはずだ。プライスリコール（価格想起）の調査をしてみると、実際の価格と数十パーセント違うことも珍しくない。だからこそ、消費者調査を通じてプライスリコールや支払意思を正しく理解し、それも踏まえて値付けすることが重要になってくる。

プライシング戦略の基本としてPOSデータや消費者調査などを利用した科学的分析が重要である。商品の中には顧客の価格認識（「あの店は高い／安い」など）を形作っているKVI（Key Value Items）と、その他の商品がある。KVIは旗艦商品、あるいは販促性や購入頻度がきわめて高い商品で、たとえば家電量販店におけるテレビ、コンビニにおけるコーヒーや定番おにぎり、飲食店におけるランチセットなどがあてはまる。分析によりKVIを特定し、KVIについては競合も見ながら集中的に勝負をかける一方、その他の商品では賢明に利益を確保していくメリハリのある戦略が必要だ。KVI自体は以前からよく知られたコンセプトだが、実態として多くの企業で戦略的にKVIが設定されてはいない。競合を意識するあまり何もかもがKVIとなっている状態が散見される。

前述のWTPについても消費者調査を通じて科学的に分析すると、今まで見えていなかった顧客の実態が見えてくる。「高くなったと感じるが買ってもよい価格」「値段が高すぎて買うのをやめる」などの指標から立体的にＷＴＰを算出し、実際の価格との間のギャップを把握する。これが最初のプライシングの改善機会となる。

もちろん前述のようにギャップをすべて企業の取り分として価格に反映するのがよいとは限らないので留意すべきだ。また、企業が同じ商品だと思っていても色や味などの違いにより、顧客が感じる価値、ＷＴＰに差がある場合もある。さらに、ＷＴＰには多くの場合、いわゆる「崖」が存在し、一定の値段を超えるとＷＴＰが急激に落ちる現象がさまざまな商品カテゴリーで観察されている。このような分析を適切な粒度で行うことで、消費者が感じている価値を解明し定量化していくことができる。

価格を変えることで販売数量がどれだけ変化するかという「価格弾力性」を科学的に分析する手法も一般的だ。過去の値上げ・値下げ時にどれくらい需要が実際に変化したかは、将来の値段を考えるうえでも最も有益な示唆の一つだ。また、パイロットテストで価格弾力性を測ってみるのも、値段が適正かを判断する有益な材料となる。

さらに、近年急激な進化を遂げているＡＩなどデジタルを活用すれば、従来はできなかった高度なプライシングが可能になる。需要変動に応じて価格を変えるダイナミックプライシングは、航空運賃やホテルなどでおなじみだが、テーマパークや、一部の高速道路などにも適用範囲が広がっている。

別の側面として、マークダウン（セール・値下げ）の最適化もある。企業にとって、不良在庫を抱えたり廃棄損を出したりしないために、価格を調整して商品をなるべく売り切る必要がある場合もあるが、そのタイミングや値下げ幅の見極めは難しい。多くの場合、担当者が売れ行きを見ながら感覚的に判断したり、この時期になったら何%値下げするなどのルールをつくって対応したりすることになる。すると、売れ残ったり、不必要に値引きしすぎたりする失敗が生じやすい。

ＢＣＧの経験では、固定ルールや人の判断だけで値引きしている場合と、過去データを見ながらＡＩがタイミングや適切な値引率を予測し、それを現場の感覚知と掛け合わせた場合とで比較すると、後者のほうが収益性が15％以上高かった。このようにテクノロジーを活用しながら科学的にマークダウンを行い最適化を図ることも、収益性向上に大きく寄与する。

いずれにせよ、すべて一律の価格という考え方から脱して、商品・サービスの（サブ）カテゴリー、特性、顧客セグメントなどに応じて、多様な戦術を使いこなすことが大切である。

間接的プライシング

ここまで見てきた価格そのものの変更のほかにも、多様なプライシング施策が存在する。

現状の延長線上で価格を変更するのが基礎編だとすると、応用編として、枠組みを変えるリフレーミングという戦略も効果が期待できる。たとえば、ペットボトルの水を販売する場合、サブスクリプション方式で月額飲み放題のサービスにすれば、1本いくらという既存の競争から抜け出せる。価値の提供方法も含めてクリエイティブに検討することができる。

顧客データを分析して適切なクーポンの提供などを行うパーソナライゼーションという手法もある。たとえば、ガソリンスタンドに顧客を誘導したいときに、値段を訴求すべきなのか。それとも、洗車などほかのサービスを組み合わせたほうがよいか。どういう属性、行動をとる人にはどういう打ち手が考えられるのか。1人ひとりの価格感度や嗜好性に基づく打ち手にできれば、究極の一物多価の世界が実現されるだろう。

また、ほとんどの一般消費財メーカー（加工食品、日用雑貨など）は、流通チャネルを通じて販売しているため最終価格をコントロールできない。インセンティブや販促金、小売側のマージンなど複雑な構造で、実際の価格や収益性を把握するのはきわめて難しい。取引先ごとのばらつきが非常に大きいのが実情だ。消費者価格と納入価格、収益性を取引先ごとに把握し、営業活動に組織的に反映させる仕組みをつくりあげられれば大幅な収益向上につながる。ここではくわしく述べないが、販促費、取引条件、チャネルミックスの最適化といった販売チャネルマネジメントに包括的、戦略的に取り組むことが、収益性を向上・維持するうえできわめて重要である。

B2Bのプライシングの実践

B2Bのプライシングで主に考えるのは、どのように付加価値を反映させた価格にできるか、また、どのように市場価格にプレミアムを乗せられるかという2つである。

自社製品の「価値」を把握する

付加価値分を獲得するうえでは、自社の製品を代替品に替えた場合に、顧客側の製品の価値がどれだけ変化するかという差異を把握することが重要だ。たとえば、顧客がさまざまなサプライヤーから調達した原材料や部品を組み合わせて製品をつくり、10万円で売っていたとしよう。自社が提供する部品が調達できないと、12万円になるとすれば、その部品をたとえ500円で販売していたとしても、本来の付加価値は2万円ということになる。だからといってただちに500円から2万円に価格を変更できるわけではないが、顧客が扱う製品のコスト構造を把握し、それに対する自社製品の貢献度を理解することが、適切なプライシングへの第一歩となる。

なお、市場価格は常に変動し、顧客が調達する原材料や部品の価格、さらには顧客が販売する製品の価格も一定ではない。正確に調べきれない場合は概算でかまわないので、顧客製品のコスト構造に占める自社製品の割合などから、自社の提供している価値を推定していく。最初のうちは情報収集に苦労するかもしれないが、慣れてくれば、それなりに状況をつかめるようになる。

これを愚直に実践している企業はあまり多くないが、それによって成功している企業もある。顧客のためにどのくらいの価値を生むかを見ながら値決めすることで、並外れた営業利益率をあげることも可能だ。特に、代替品がないほどの競争力の高い製品であれば、有利な値決め構造に持ち込むことができる。逆にいえば、インフレ以上のプレミアムを訴求できるかどうかを判断することで、自社の製品の競争力を見直すことにもつながる。

コストの見える化と脱平均化

2つ目の、競争環境で市場価格に上乗せするために欠かせないのが、自社製品のコストや収益を製品ごとに「見える化」することだ。一見すると当たり前のようだが、実は何十万種類も製品をつくっている場合、難度が非常に高い。というのも、原材料価格は変動するうえ、同じ製造設備で複数製品をつくる場合、どの製品をどの割合でつくるかで固定費の配分も変わってくる。製品ごとに収益を見てモニターすることが現実的に不可能なこともある。その場合は通常、事業部門単位やセグメント単位でまとめて「この製品群は

図表7-3
プライシングクラウドの例

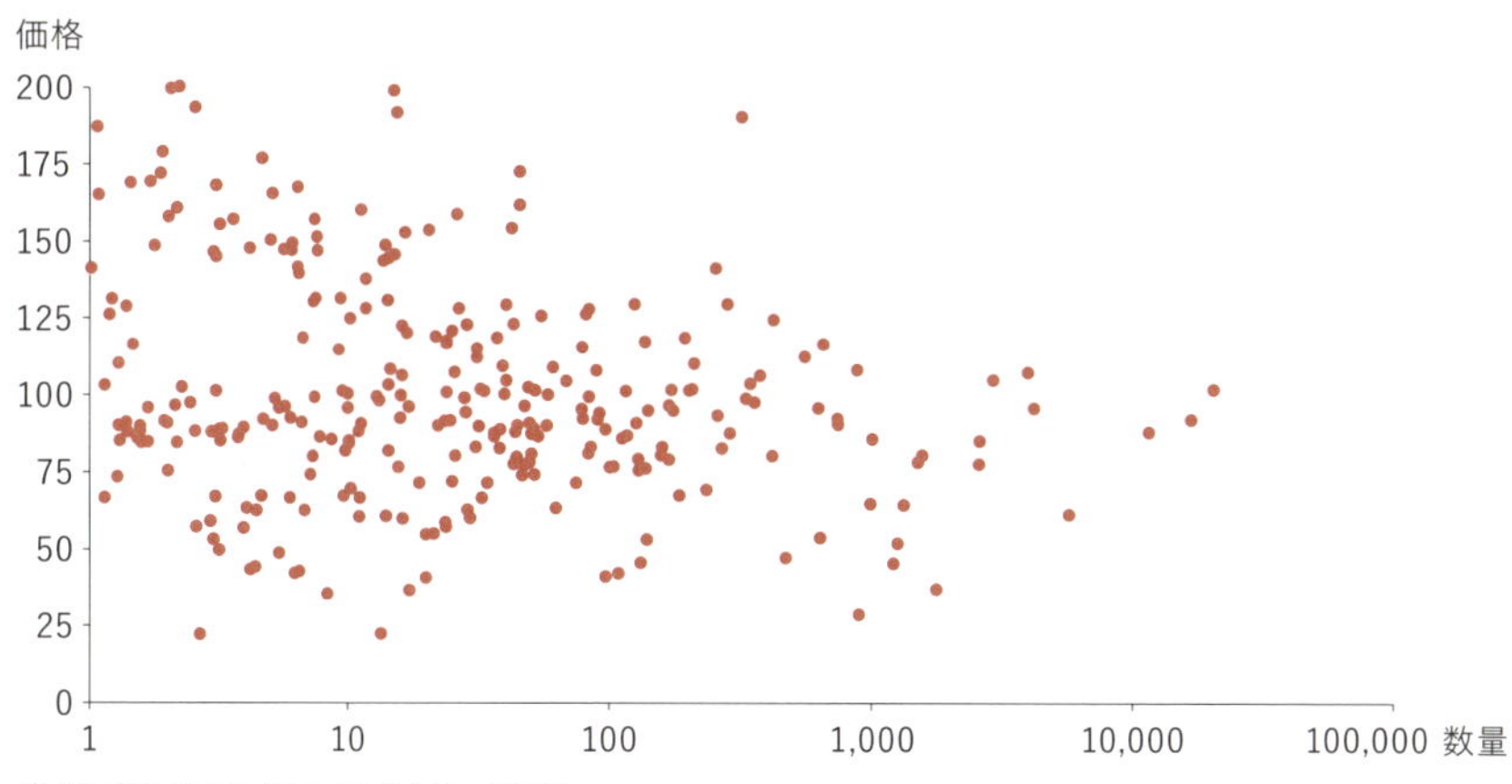

出所：ボストン コンサルティング グループ分析

10%」というように利益率を捉えることになる。

こうして全体を見える化できたら、次のステップは脱平均化である。たとえば、ある事業部門で利益率が5%だとしよう。全社平均と同程度だとすれば、あまり問題ないと考えるかもしれないが、それは平均化した捉え方である。より細かなレベルで見ていくと、実は利益率10%の製品があったり、損失が出ている製品が混在していたりすることも多い。

そうした平均からの逸脱に着目するのが脱平均化であり、その一つのテクニックが「プライシングクラウド」というマップを作成してみることだ（図表7－3）。これは、同一製品に着目して、営業担当者や顧客ごとに、売れた数量と価格を横軸と縦軸にとってプロットしていく。本来であればスケールメリットが働いて、数量が大きいほど価格が安くなって右肩下がりの分布になるはずだが、実際には星雲状になることが多い。というのも、顧客に泣きつかれて値下げするなど、数量に応じた規律あるディスカウントが徹底されずに、価格にばらつきが生じるからだ。

こうした異常値に着目し、問題があれば、市場価格に合わせて値決めを修正する。それが難しい場合、その製品には競争力がないことを意味するので、撤退を含めて対応を考えなくてはならない。

日々の営業活動では、必ずしも数量に応じた規律ある値引きが徹底されるわけではない。その時々の顧客との力関係で歪められ、それが歴史的に蓄積されていくことも多い。また、その製品が本当に数量に応じてコストが低減する規模の経済性を持っているのか、あるいはその効き方を考え直す必要がある場合もある。たとえば、需要量に対して供給力が不足する場合や、変動費の中に労働集約的要素の割合が大きい場合などだ。そうした点に適切にメスを入れて、価格のばらつきを本来あるべき姿に戻せば、確実に収益改善につながる。

日本企業への提言

最後に、日本企業がプライシング能力を高めるために、まずマインドを変え、行動を起こすべきことを3つ挙げておきたい。

ガバナンス体制とインフラを整備する

本稿の冒頭で、世界と比べて日本企業には、プライシングの戦略やガバナンス体制が整っていないことを指摘したが、プライシングはそれなりにリソースを要する活動である。利益の源泉だと考えて、どれだけリソースを投入するのかが大きな差になりうる。

プライシング・ガバナンスを構築するためには、全社戦略を価格の観点からプライシング戦略に落とし込み、必要なルールや規律を導入し、人材や組織、データ活用の仕組みなどを整備したうえで、PDCAを回して定期的に実態を点検し、改善を図っていく必要がある。

事業計画を立案するときには、商品セグメントごとの利益目標などを設定するだけでなく、それを達成するための価格面の施策をどこまで織り込むのかも検討するのが望ましい。また、コスト割れや低収益率の製品について、価格面からの改善方針も明らかにすべきである。プライシングの異常値を継続的にモニタリングし是正方針を策定するコントローラーを配置し、営業会議などで価格の妥当性の検討に一定の時間を割く。プライシングのガバナンスの浸透・定着にはそれなりに時間がかかるので、PDCAサイクルを確立させ、継続的に取り組むことが大切だ。

既存ルールも定期的に見直すべきである。現状でも、営業担当者が取引ごとに収益を見て、利益率が何％未満であれば、取引価格を見直すかどうかマネジャーに判断を仰ぐなどの仕組みがあるかもしれないが、それだけでは足りない。暗黙のルールを形式知化させ、組織体制全体でプライシングの規律を高めていく必要がある。

値決めや価格交渉を個人技に頼っている営業現場は多い。組織的にスキルトレーニングを実施して集合知を高める、勉強会を行い部門を超えてケーススタディを共有する、若手の営業担当者が経験豊富で専門知識をもった人材から学べる仕組みを入れる、などの取り組みも必要である。

テクノロジーをうまく活用する

データを活用するためのデジタル・インフラの整備が遅れている日本企業が多い。各所からデータを取り寄せて、エクセルを使って自ら手作業で分析しなければ、実体が捉えられないとすれば問題だ。そうした負担を強いる構造から早く脱却しなければならない。

Ｂ２ＣかＢ２Ｂかを問わず、ＡＩやデジタルと掛け算すれば、プライシングはさらに高度化が可能になる。しかし、概念上や理論値では、商品ごとに頻繁に価格を変えることが妥当だとしても、既存システムでは対応しきれないなどの技術面の課題や、現場のスタッフが混乱するなどオペレーション上の問題が生じることも多い。そうした現実的な制約を考慮しながら、投資対効果を考えつつ、段階的に移行・実行していかなくてはならない。

プライシング筋力を鍛え直して好循環に乗せる

２０２０年代にグローバルな環境で戦う企業にとって、値決め能力は国際競争力の必須の要素の一つである。

これまで多くの日本企業は、年功序列で賃金が安いまま、良いモノを安く提供しようと取り組んで来た。顧客のデフレ心理は根強く、最終商品の価格は上げられないとして、最終商品のメーカーはサプライヤーからの値上げ要請を認めず、それが二次や三次の請負業者にも波及して、どの企業も値上げに踏み切れない構造が長く続いていた。

しかし今、マクロ環境の変曲点を迎え、現状の値付けでは限界があることを多くの人々が認識している。良いものを作って、それに対して適切なリターンをとれるように値付けして、そのリターンを原資に再投資して、企業が競争力を高めていく。それによって、給与や物価が適切に上がり、経済全体がうまく回る方向へと移行させようとする気運が生まれつつある。これまで適正な利益をとりそびれていた企業にとって、絶好の機会が訪れていると考えることもできる。

消費者も企業も健全な物価上昇という期待を醸成し、その状態を継続させる。それが、日本経済を好循環に乗せることにつながる。そのためにも、企業は「守りの値上げ」や

「値上げは悪である」とするマインドから抜け出し、失われた30年でなまってしまったプライシング筋力を鍛え直して、顧客起点で価値に見合った利益を実現していくことが求められる。

Chapter

8

人材戦略

——「人事」を超えた経営課題へ発想の転換を

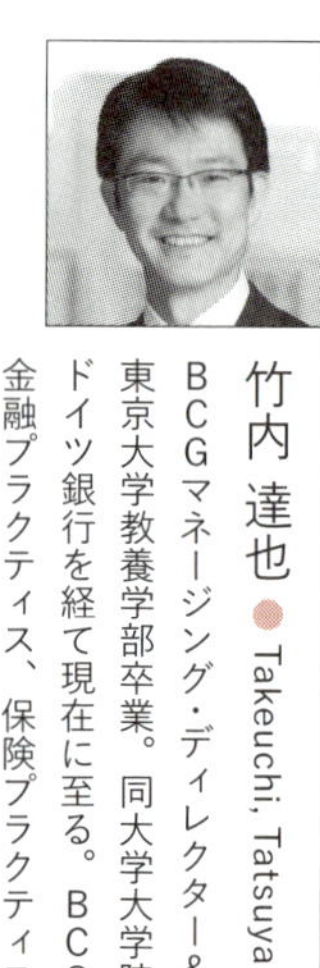

竹内 達也 Takeuchi, Tatsuya

ＢＣＧマネージング・ディレクター＆パートナー

東京大学教養学部卒業。同大学大学院総合文化研究科修士。ドイツ銀行を経て現在に至る。ＢＣＧ組織・人材プラクティスの日本リーダー、金融プラクティス、保険プラクティス、およびテクノロジー＆デジタルアドバンテッジ・プラクティスのコアメンバー。

共著書に『ＢＣＧ 次の10年で勝つ経営』『ＢＣＧが読む経営の論点２０２０』（以上、日本経済新聞出版）、『デジタル革命時代における銀行経営』（金融財政事情研究会）。

折茂 美保 Orimo, Miho

ＢＣＧマネージング・ディレクター＆パートナー

東京大学経済学部卒業。同大学大学院学際情報学府修士。スタンフォード大学経営学修士（ＭＢＡ）。

ＢＣＧ社会貢献プラクティスの日本リーダー、パブリックセクター・プラクティス、および気候変動・サステナビリティ・プラクティスのコアメンバー。

共著書に『ＢＣＧカーボンニュートラル実践経営』（日経ＢＰ）、『ＢＣＧが読む経営の論点２０２３』、日経ムック『ＢＣＧカーボンニュートラル経営戦略』『ＢＣＧが読む経営の論点２０２１』（以上、日本経済新聞出版）。

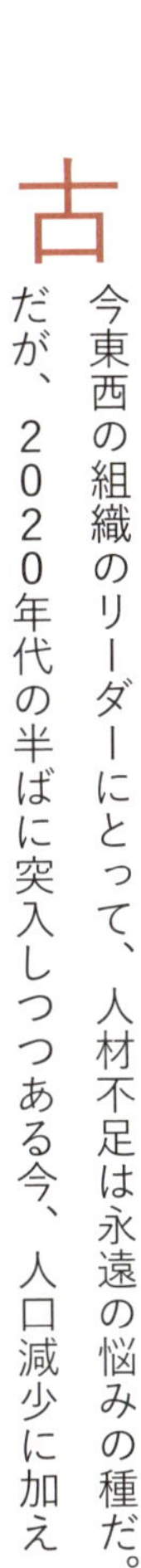

古今東西の組織のリーダーにとって、人材不足は永遠の悩みの種だ。だが、２０２０年代の半ばに突入しつつある今、人口減少に加えて急激に変化する経営環境への対応、働き手の価値観の多様化など、人材をめぐる課題の難度は格段に高まっている。企業は常に変革を迫られる中、組織を支える人材を、いかに確保するか。それは従来の「人事」の枠を超え、「人材戦略」として経営レベルで考えるべきテーマになっている。

経営戦略の中核となる人材ポートフォリオの考え方を整理し、それと連動した人材確保の手段として人材育成に光を当てたうえで、日本企業に必要な３つの「発想の転換」を示す。

今なぜ人材戦略が経営課題となるのか

日本企業は今、イノベーション、M&A、グローバル化、デジタル化、カーボンニュートラルなど、さまざまな変化の岐路に立たされている。事業構造改革の速度・複雑さが一層高まる中、これまで以上に多様な能力を持つ人材を質・量ともに迅速に確保する必要性に迫られている。一方で、多くの企業は人材の需給ギャップを解消できず、結果として将来に向けた改革も進まず、目の前の業務も回らなくなり、足元に火がついている状態である。

これほどまでに経営へのインパクトが大きく、困難な判断を伴う課題を、人事部のみの仕事として扱うことが適切なのだろうか。この章で私

図表 8-1
「人事」から「人材戦略」の時代へ

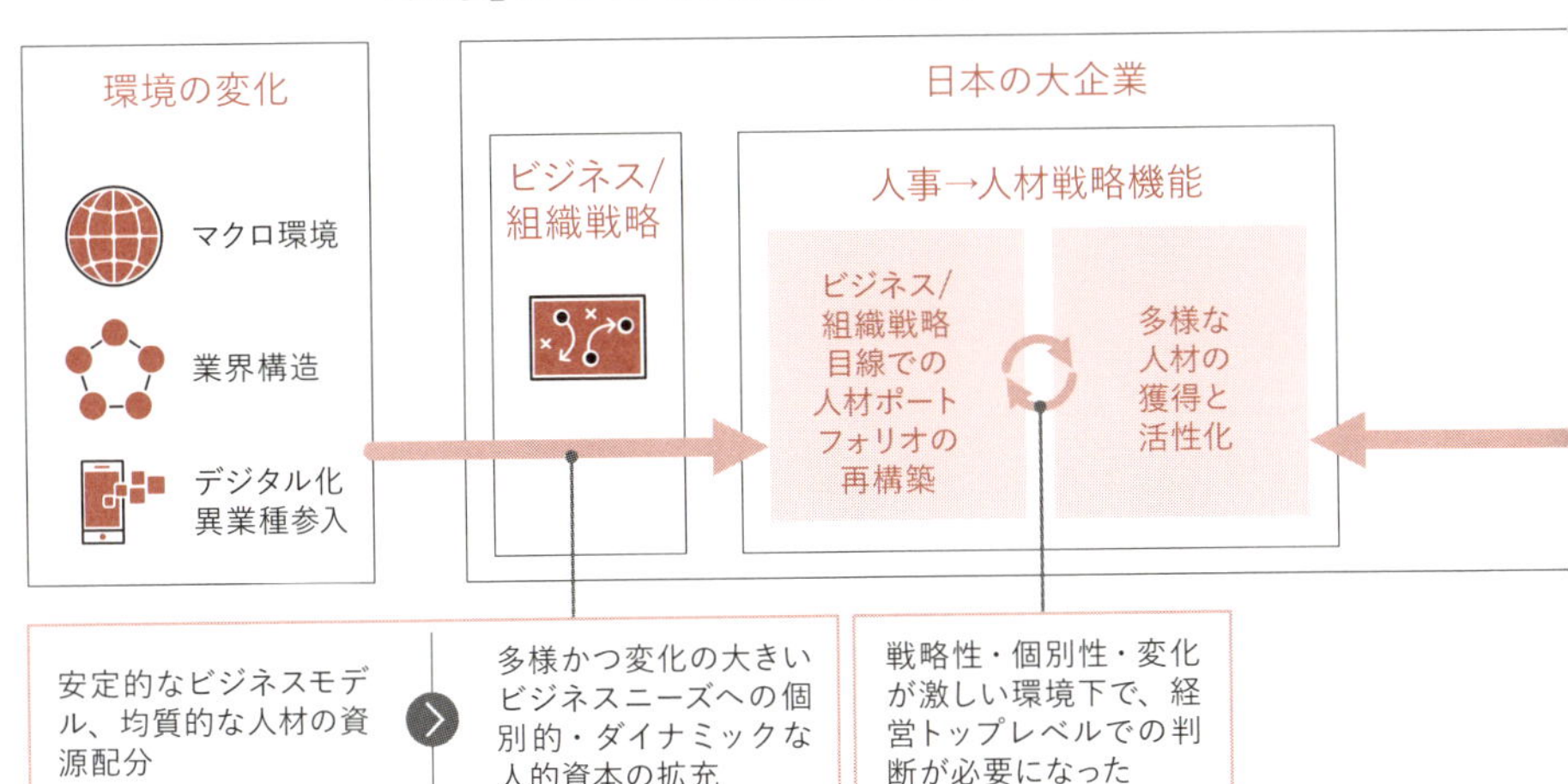

出所：ボストン コンサルティング グループ

たちが訴えたいのは、人材戦略を「人事」を超えて、重要な経営課題にまで高めることの大切さである。まずはその背景を、事業と人材の両面から読み解いてみたい（図表8－1）。

事業ポートフォリオ、ビジネスモデルの変化

経営環境の変化が激しい今日、事業戦略の寿命が短くなっている。生成AIをはじめとするテクノロジーの急速な発展により、業界構造が一変する可能性は常に唱えられている。気候変動への対応や、米中対立、ロシアによるウクライナ侵攻、台湾有事といった地政学リスクも無視できない。加えて顧客ニーズも多様化し、画一的なビジネスモデルが通用しなくなってきている。

こうした状況への対応として、事業ポートフォリオを常に見直し、時代に応じて新陳代謝させられるかが重要となる。その際に事業ポートフォリオの組み替えに呼応する形で、必要な人材を柔軟に配置・確保することが求められる。

すでに、従来は社内にいなかった新たな人材の必要性が顕在化している。デジタルトランスフォーメーションに必須のエンジニア、新規事業の立ち上げのスペシャリスト、新たな顧客開拓や付加価値創造を実現するマーケティングの専門家、サステナブルファイナンスに通じた実務家など、多種多様な人材の確保が必要となっている。

また、事業ポートフォリオの変化によっては、縮小する事業が出てきたり、テクノロジーの導入により業務量が見直されたりして、人員が余る場合もあるだろう。余剰人員への対応としては拡大事業への再配置やリスキルが話題にのぼるが、時代の要請に沿ったスキルを迅速、かつ実効性のあるレベルで習得させようとしても、思うようには進まないのが実情だ。

働き手の変化

働き手の側に目を向けると、「人口動態の変化」と「キャリア観・働き方の多様化」という2つの大きな変化が起きており、従来の均質的・画一的な人材マネジメントに課題を突きつけている。

生産年齢人口の減少が見込まれる中、慢性的な人材不足は企画・管理系の本社人材に加え、製造やサービスに関わる現場人材でも深刻化し、オペレーションに支障を来すリスクが高まっているという声も多く聞く。しかし、現場人材の不足は単純な人員数の確保だけで解決できる問題ではない。まずは他社よりもさらに魅力的な職場環境を整え、求める人材に選んでもらう必要がある。

また、現場人材を単なる作業の担い手ではなく「技能の継承者」として捉え、組織内で長く活躍してもらう視点も織り込むべきだ。獲得した人材のリスキルやキャリア形成、最適な配置も見据える必要があり、経営層を含めた包括的な検討が求められる。

高齢化という観点では、シニア人材の活用が検討事項に上がる。従来は役職定年や子会社への再就職といった処遇で対応するのが一般的であったが、人手不足が深刻化する昨今、シニア人材の積極的な活用が真剣に議論されており、政府も70歳までの就業機会確保の努力目標を義務化している。その手段として再雇用制度や定年の引き上げがあるが、リスキルの難しさ、人件費負担の増加、若手・中堅世代がシニア社員の給料や評価に対して抱く「不公平感」も懸念され、人材マネジメントの難度が高まることは想像に難くない。

キャリア観や働き方の多様化も大きなトレンドである。かつては終身雇用を前提に、企業側にキャリア形成を委ねる社員も多く存在したが、現在は特に若手人材の間で、キャリアを自分の意思で決める志向が強まっている。

また、高度な専門性を持つ人材への対応も課題となる。これらの人材は即戦力としての活躍が期待できるため需要が高い一方で、市場価値が考慮された評価・報酬体系と、自身の専門性を十分に発揮できる環境がなければ採用もリテンション（定着）も難しい。さらには、リモートワークや時短勤務、兼業・副業を組み合わせるなど、多様な働き方へのニーズに応えるため、企業はさまざまな選択肢を用意する必要もありそうだ。

しかし、日本企業の多くは、こうした環境の変化に対応しきれていない。時代は変わり、経営における人材をめぐる検討は格段に複雑性を増した。人事の機能だけでは解決が難しい課題が増えた今、人材戦略というテーマは個別の部署や現場レベルでは解決できない経営課題となっているのである。

人材戦略の中核としての人材ポートフォリオ

経営課題としての人材戦略において重要な機能を果たすのが、「人材ポートフォリオ」という考え方である。経営戦略や組織改革を実現するために必要な人材の質と量を定義し、現状、社内のどこに、どのような人材が（質）、どのくらいいるのか（量）を把握してギャップを可視化するもので、人材確保に向けた打ち手を具体化することが可能になる。

海外の先進企業では早くから人材戦略を経営課題として捉え、人事と経営が密に連動しながら人材ポートフォリオを含めた包括的な施策に取り組んできた。日本企業は後れをとっていたが、ここ数年はＢＣＧにも、クライアント企業の人事部に加え、経営企画や事業企画などから「人材戦略や人材ポートフォリオに課題がある。サポートしてほしい」という依頼が激増している。その背景にはやはり、経営環境の変化がある。

日本企業が人材ポートフォリオに特に注目しているのは、業務の品質や効率化を卓越したレベルで実現し、徹底的に磨き上げる「オペレーショナル・エクセレンス」という従来の強みを維持しつつも、同時に事業構造を大きく変えざるを得ない節目にあるからだろう。具体的には、既存の中核事業の停滞、新たな事業領域への参入、急速なグローバル化やＭ＆Ａなど大型の企業活動、ＡＩをはじめとするデジタルテクノロジーを活用したトランスフォーメーションなどのタイミングで、人材ポートフォリオの見直しを検討する企業が多いようだ。いずれも経営の転換点であり、日本企業も真剣に経営戦略と人材戦略を一体で考え始めていることがうかがえる。

図表 8-2
人材ポートフォリオ戦略の考え方

0 前提となる事業戦略、組織戦略をインプット
事業ポートフォリオ、経営計画
デジタル・AI・ロボットとヒトの役割分担
自社で内製化する組織機能

1 事業・機能ごとに必要な人材要件を類型化（人材クラスター）
クラスター定義

2 供給量の予測
●●クラスター

3 需要の予測
●●クラスター
'23 '25 '27 '29 '30 '31

4 人材クラスターごとの需給ギャップの判定
ギャップ/リスク分析

5 打ち手の具体化、実行
採用（新卒・中途）
育成（リスキル）
外部活用（M&A、提携 等）
人員削減や配置転換

6 戦略策定サイクルと連動した年間プロセスを設計し、経営層と事業部との協働の取り組みとして推進

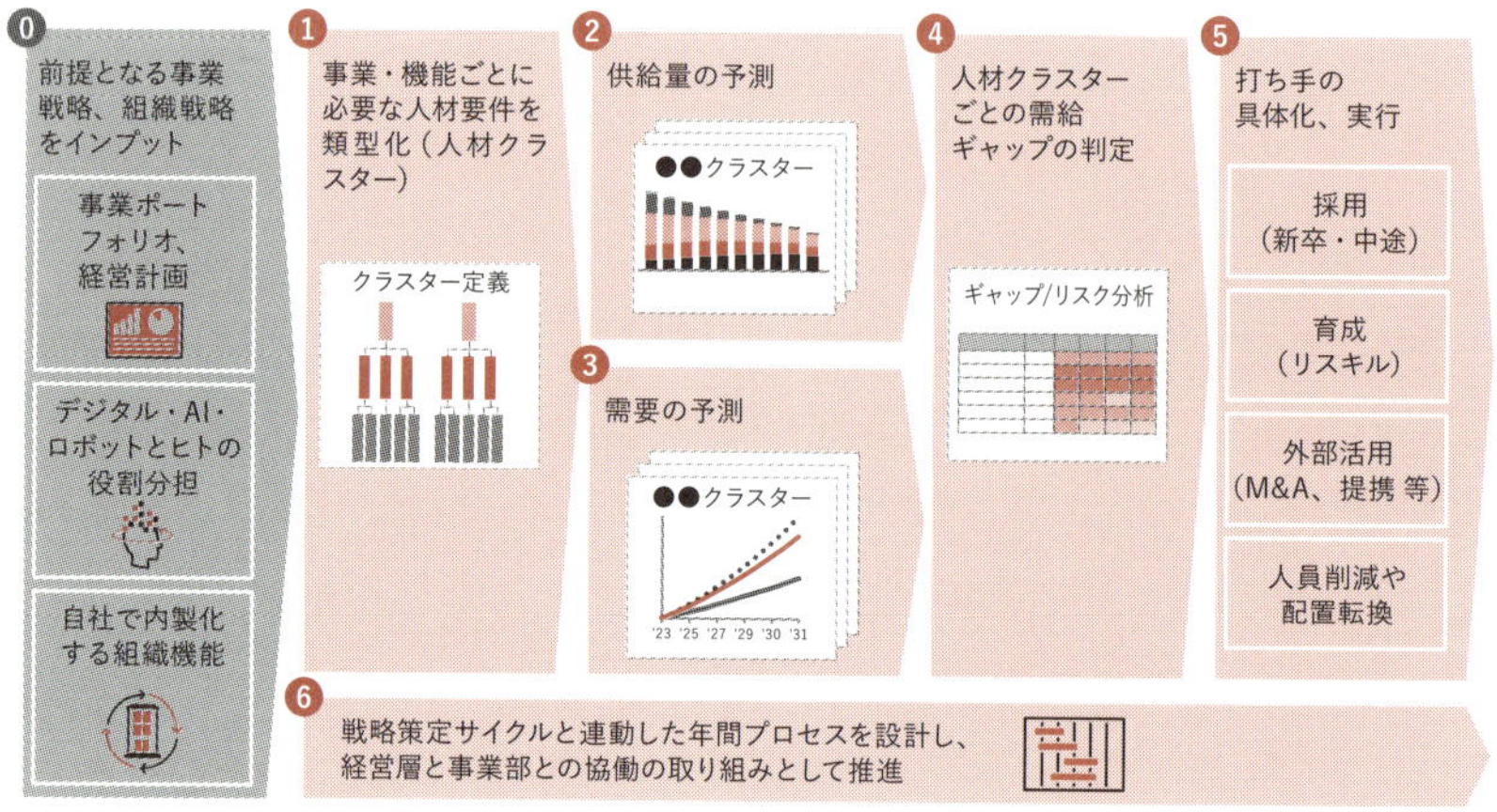

出所：ボストン コンサルティング グループ

人材ポートフォリオ戦略の考え方

では実際に、人材ポートフォリオを用いた戦略の立て方について確認していこう。

出発点は、前提となる経営戦略・組織戦略・テクノロジーの活用方針を明確化することである（図表8－2の⓪）。経営戦略については、目指す事業ポートフォリオや個別事業の方針を確認する。組織戦略については戦略遂行に必要な機能を洗い出したうえで、どの機能を内製化し、どの機能を提携やアウトソースなどで補うかを見極める。これは、自社固有のコアコンピタンス（競争優位の源泉）を突き詰めるうえでも重要な視点となる。また、デジタルテクノロジーとヒトの役割分担の考

え方もここで明らかにしておく。

次に製品、サービス、あるいは経営機能ごとに、人材要件の類型（人材クラスター）を特定する（同①）。このとき、必要なスキルセットも人材クラスターごとに定義しておく。クラスターをどこまで細かく分けるかは企業の特性によるが、数百種類の精緻なクラスターを定める場合もあれば（例：○○製造工程におけるDX専門家、○○新規事業のリスク管理担当）、数種類から数十種類の分類で大枠を定める場合もある（例：AIエンジニア）。

人材要件が固まれば、事業計画に沿って、採用、異動、退職などに伴う将来的な供給量（同②）と、必要となるであろう人員数を人材クラスターごとにシミュレーションする（同③）。

ここまでで、いったん人材ポートフォリオの将来像を定義できたことになるので、そこから現状とのギャップ分析に入る（同④）。どの人材クラスターで、いつ、どの程度の人材の過不足が発生するか、言い換えれば経営として手を打つべき課題を見える化する工程である。

たとえば、ＥＶ（電気自動車）や再生エネルギーへの転換など、気候変動対応に伴う事業構造改革に必要な人材の圧倒的不足、技術継承が途絶えうる現場人材、デジタル化により余剰となる人材などが数字とともに浮き彫りになる。この作業では、人材クラスターの定義や必要人員数に対して、社員側のデータを突き合わせて分析する。所属組織・職務経歴書・スキル評価などの既存データを収集・加工して可視化する場合もあれば、十分なデータベースや分析ツールが確保されていれば、より自動化された形でギャップの可視化を行うこともできる。

最後に、クラスターごとに不足する人材をどう確保するかという具体的な打ち手を紐づけ、実行する（同⑤）。人材を確保するためには、「採用（新卒・中途）」「育成（リスキル・アップスキル）」「外部リソース活用（M&A・提携・アウトソーシングなど）」と大きく3つの視点が考えられる。

さらに、これらの①〜⑤の工程は1回実行したら終わりではなく、事業戦略を策定するごとに、それと連動させながら、年間を通して経営層と各事業部との協働の取り組みとして推進することが欠かせない（同⑥）。

人材確保の打ち手——採用、育成、外部リソースの活用

人材ポートフォリオ戦略の最終工程では、人材クラスターごとに不足人員を確保する打ち手を紐づけることを確認した。人材を拡大する選択肢としては大きく「採用」「育成」「外部リソース活用」を検討することになる（図表8－3）。

図表 8-3
人材確保の主な打ち手と検討事項

採用・リテンション	育成	外部リソース活用
• ターゲット具体化 • 従業員価値提案(EVP)の明確化 • 人事制度 • 事業運営・カルチャー • パーパス・事業・技術等の差別化要素	• リスキル・アップスキルのプログラム • OJT機会の確保 • 育成計画、習得レベルの評価・認証、キャリアパスとのリンク	• M&A（アクハイアリングを含む） • 提携 • アウトソーシング

出所：ボストン コンサルティング グループ

採用については、単に採用プロセスの見直しを超えて、「企業は従業員に何を提供できるのか」という視点で従業員価値提案（EVP）を向上させることが重要だ。リモートワークや時短勤務、副業・兼業を志向する人材や、高度な専門性を持つ人材など、キャリア観が多様化していることについてはすでに触れた。それぞれに合わせた働き方、キャリアパス、評価、報酬体系を根本から再考することは必須要件である。加えて、採用の競争相手との差別化のためには、事業運営や組織文化、さらにはパーパスや事業・技術戦略の魅力度まで突き詰める必要がある。

人材獲得のためのM&A（アクハイアリング）、提携、アウトソーシングなど外部リソースの活用は、必要なスキルを備えた人材をタイムリーに確保できるという観点で、常に念頭に置いておきたい手段である。

人材確保の打ち手として、採用や外部リソースの活用はもちろん重要だ。しかし、必要な人材が新しい領域の人材であったり、注目分野の人材であったりすればするほど、そもそも労働市場には十分な能力のある人材が多く出回っておらず、獲得競争が熾烈となり、高いコストを費やすことになりがちである。加えて、外部から取り入れた人材が職場にうまく適合し、能力を十分に発揮できる環境を整備しなければならないという課題がある。

他方、企業の中には急速な事業ポートフォリオの転換に際し、既存の人材のリスキルを行うことで、比較的低コストで、かつ企業文化を維持しながら人材ポートフォリオを再構築している例が存在する。ここでは内部人材の育成に焦点を当て、まずは今後必要とされる能力を押さえたうえで、人材育成のポイントを示すこととしたい。

これから求められるスキルとは

そもそも、どのような能力が求められているのだろうか。この質問は、常に変化し続けるムービングターゲットを追いかけるようなものである。生成ＡＩをはじめとするデジタル技術の進展により、職種の内容自体も大きく変化することが予想されるうえに、それぞれの職種で求められる能力も変化するスピードが速くなっているためだ。

しかし、今後どのように時代が変化したとしても、「デジタルスキル」と対人的な「ソ

図表 8-4
生成 AI の登場を経て、これから組織に求められるスキル

例示

リーダー層
・生成AIを展開する戦略的マインドセット
・変化と文化のマネジメント

顧客対応チーム
・最も複雑な問題に対処できるより強力なコミュニケーション能力、共感力、問題解決能力

企業全体
・AIツールを扱う能力
・責任あるAIと倫理的な実践

サポート部門
・部門横断的な実行を推進する適応能力と協調的な問題解決能力

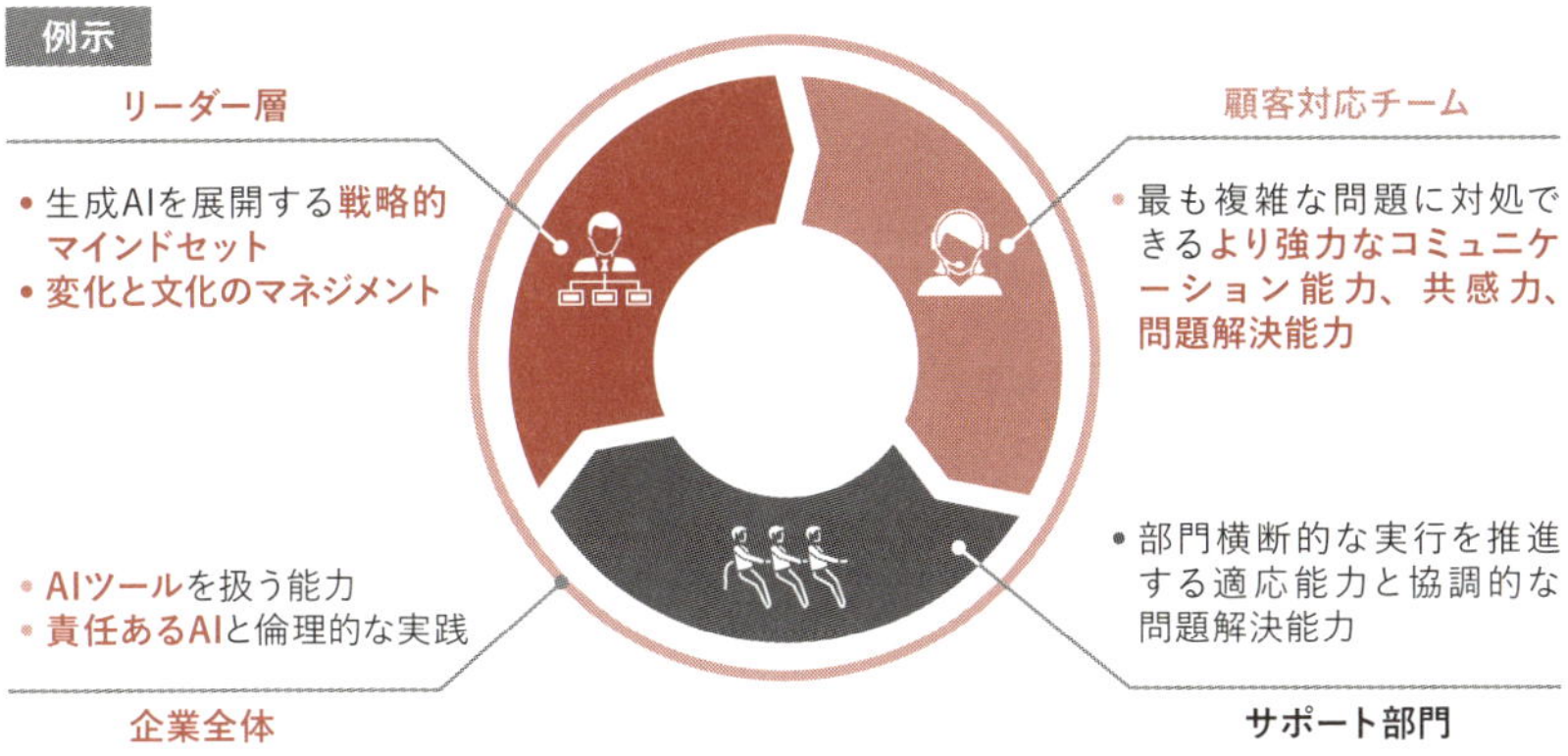

出所：ボストン コンサルティング グループ

フトスキル」はあらゆる職種において一貫して重要であり続けると私たちは考えている。

デジタルスキルについては、誰もが「デジタルをつくる人」レベルにくわしくなる必要があるわけではない。ただ、「デジタルを使う人」として基礎的な素養を身につける必要はある。

ソフトスキルについては、人間が生成AIをより有効に活用するために必要であるという観点で、重要性を増すだろう。図表8－4では、生成AIの登場を経てこれから組織に求められるスキルを例示している。リーダー層、顧客対応チーム、サポート部門のいずれにも求められることは、戦略的思考力、リーダーシップ、共感力、コミュニケーション力といった

ソフトスキルに関するものである。また、組織全体としても個人としても、倫理観の醸成が一層重要になると見ている。

人材育成を「投資」と位置づける

必要なスキルはわかったとしても、人材の育成にどれだけ力を入れるかで、結果はまったく変わってくる。「業績が良いときは人材育成に資金が回ってくるが、苦しくなると真っ先に削減対象になる」――こんな印象を持っている人は多いのではないだろうか。

世界全体で見ると、企業は人材育成に毎年3000億ドル以上を費やしているともいわれている。多くの場合、それらは費用（コスト）として認識されており、ビジネスインパクトを創出し、企業の持続的な成長を実現するための「投資」とは捉えられていないのが現状である。

しかし、人材育成への積極的な取り組みを自社の成長につなげている企業は、いずれも人材育成を「投資」と捉え、継続的に資金を投入している。経営層が人材育成を重要なCEOアジェンダの一つに位置づけ、その重要性について継続的にメッセージを発信し、社内の仕組みを整えていくことで、従業員自体の意識にも変化を与えている。

米国の通信・メディア大手AT&Tでは2013年、当時のCEOであったランドール・スティーブンソン氏が主導し、「ワークフォース2020」という取り組みを立ち上げた。背景には、スマートフォンの普及や通信の高速化により、業界をめぐるビジネスモデルが急速に変化していたことがある。同社は２０２０年までに必要なスキルセットを特定し、10億ドルを投下して約10万人の従業員のリスキリングを実施してきた。

ドイツの自動車部品大手ボッシュは、約40万人の従業員を対象としたリスキリングに取り組んでいる。自動車業界における構造転換などを機に、ＥＶやデジタルといった成長領域に対応すべく、２０２６年までの10年間で20億ユーロを投資する方針を打ち出した。いずれも、全社規模で、長期的な取り組みである点が共通している。

企業戦略・事業ポートフォリオと人材ポートフォリオを連動させる重要性についてはすでに触れた。同様に、人材育成のあり方も人材ポートフォリオの変化に合わせて見直していくことが求められる。「どのようなスキルを持った人材がどの程度いるのか」「いつまでにどの程度必要となるのか」「そのギャップを埋めるために、現状の人材育成の取り組みは十分か」といった観点で検討するということであり、ＡＴ＆Ｔやボッシュの事例は、まさにこの点を体現している。

人材育成にインセンティブを紐づけ、モチベーションを高める

では、学びの環境をどう整えるのか。学び直しの必要性は理解していても、通常業務の合間を縫って学び続けるということは、従業員にとって負担が大きいものである。そこで

モチベーションを高めるカギとなるのが、インセンティブである。具体的には、学習の進捗や身につけたスキルを異動や昇進・昇給と連動させることが考えられる。

ある大手テクノロジー企業では、指定コースを受講後、学んだ内容を実務で活かしたことを客観的に証明できる形で申請し、審査を通過すると表彰される仕組みがある。一部の表彰は昇進要件にもなっており、学ぶモチベーションを向上させることに寄与している。

モチベーションを高めるためには、学びを継続した先のキャリアパスを明確にすることも重要だ。キャリアパスの明確化には、社内の各ジョブポストに求められるスキルを整理・透明化することが第一歩となる。そのうえで、継続的に学習を重ねた人材がどのようなキャリアパスを歩んだのか、実例などを示す。従業員は、希望するポストに必要なスキルが可視化されることで「何を学ぶか」という1歩目を踏み出しやすくなり、また具体的なキャリアパスを理解することで、学んだ先にある自身の将来像をイメージしやすくなる。

「人材育成に注力しても、育てた人材が転職してしまうので困る」といった悩みはよく聞かれる。従業員の学びを経営側が奨励し、報酬を提供し、従業員のモチベーションが高まるサイクルをうまく回せるようになることが、手塩にかけて育てた人材の定着にもつながるだろう。

従業員の自律的学習を促す仕掛けを用意する

大企業になればなるほどさまざまなタイプの従業員が所属し、学び直しについても多様なニーズに応えていく必要が出てくる。一つひとつに応えていくことは至難の業であり、効率的な人材育成とはいいがたい。そこで有効なのは、幅広い観点でトレーニング内容の選択肢を用意しておきつつも、各従業員の自律的学習を後押しする仕掛けを用意することである。

習得するスキルについては、デジタル関連などのハードスキルから、リーダーシップやコミュニケーションなどのソフトスキルまで、希望に近いものを選択できるよう幅を持たせて準備しておく。各自の環境に合わせるという観点では、オンライン、オフライン、あるいはハイブリッドなのか、座学なのか実地研修があるのかという選択肢が、学ぶ目的に合わせるという観点では、学士や修士などの学位まで取れるようにしておくのかという選択肢が考えられるだろう。

そのうえで、自律的学習を促す仕組みを構築することが重要になる。具体的には、「学びの進捗の見える化」がある。学習してきたプログラム一覧や、それによって習得したスキルの相関度、目標と比較した現在の到達地点、次にとるべきステップなどが確認できる学習プラットフォームがあるとよい。

「コミュニティを通じた学び合い」も有効な仕組みの一つだ。社員同士が学びのコミュニティを形成することで、互いに励まし合い、教え合うことを通じて自らの学びも深められる環境は、従業員が自律的に学ぶことの一助となる。まずはそうした学び合いの場を企業が提供するとよいだろう。

「現場を巻き込み、日々の業務に学びを組み込む」というやり方もある。学習内容を業務で実践し、その経験を上司やチームメンバーと振り返り、改めて復習するサイクルを打ち立てるイメージだ。学びが定着するだけでなく、現場でともに働く他者からフィードバックを受けることで、学ぶことの意味合いを見出しやすく、学習の持続が期待できる。

「他力」を最大限に活用する

ここまで述べてきたすべてのポイントを自社で完結させようとするのはほぼ不可能であるし、それが最善の策であるともいえない。重要なことは、自社で考えるべきことと社外に依頼することを仕分け、最適なプレーヤーを見つけて配置したり、調整をとったりすることである。たとえば、「人材ポートフォリオを踏まえ、どういったスキルを持った人材をいつまでにどの程度育成すべきか」「自社の各種インセンティブ施策」「日々の業務への組み込み方」といったことは自社で考えるべきだろう。

一方、トレーニング内容などは他企業や大学などの教育機関と連携したほうが効果的な場合がある。米国の食品スーパー大手クローガーでは、２０２１年より全従業員を対象に、外部ベンダーを活用した学習プラットフォームを通じてトレーニングを提供している。

こうした選択をする際は、全体設計や、従業員の学習データを分析して設計に活かす部分などは自社で行いつつ、教材コンテンツの収集・編成やプラットフォームの構築、UI（ユーザーインターフェース）・UX（ユーザーエクスペリエンス）の設計・運営は外部ベンダーに依頼、連携する形が効率的だろう。自社の思想は伝えつつも、提供コンテンツや学習プラットフォーム自体の構築・運営などはその道の専門家に任せるということだ。

人材育成は、企業の持続的な成長にとって不可欠である。今後、より大きく素早い変化が起き続けていくことを想定すると、自社のみで完結するのではなく、「他力」も活用しながら、まずは一歩を踏み出すことが肝要だ。

日本企業に必要な発想の転換

最後に、日本企業において人材戦略を真に機能させるために必要な3つの「発想の転換」を提示したい（図表8－5）。

図表 8-5
人材戦略を真に機能させる3つの「発想の転換」

出所：ボストン コンサルティング グループ

転換1　ジョブ型を超えて「スキルベース型」へ

日本固有のメンバーシップ型からジョブ型への移行がトレンドとなっているが、スキルベース型人事はさらにその先を見据えた考え方だ。

メンバーシップ型では、新卒採用・長期雇用を前提に、職務や役割を限定せずに雇用し、安定的・画一的なビジネスを回すことに主眼を置いて、全体最適の視点でローテーションや人員配置を行っていた。

しかし、今日ではビジネスモデルや事業ポートフォリオの変化に加え、中途採用の活発化や労働市場の流動性が一定程度高まっていることなどを受け、多様かつ専門性の高い人材を「適所適材」（職務がまず先にあり、その職務が求める人材を配置する）の観点で配置することがカギとなってきた。その過程でクローズアップされてきたのがジョブ型である。

ジョブ型の定義はさまざまあるが、私たちは職務定義書の整備に加えて、「社員主導、または人事との対話を通じた異動」「等級・評価・報酬と職務の連動性」が重要な要素と考えている。職務単位で人材を管理するため、ビジネスと連動した形で雇用や人材マネジメントを行いやすい。

一方で、昨今の事業環境の急速な変化には、ジョブ型を取り入れても十分には対処しきれないことが明らかになりつつある。人材要件が刻々と変わり、職務単位での管理では不足スキルの確保が難しくなっており、より細かいスキル単位での人材管理、すなわち「スキルベース型」人事運営の必要性が生じているのである。スキルベース型では、必要スキルを常に再定義し続け、デジタル・データも活用して不足スキルを特定し、アップスキル・リスキルの機会を増やしつつ、人員やスキルの再配置を機動的に行う。

スキルベース型には、社内での人材発掘、ＯＪＴ（実務を通じた教育）、ローテーションで人材を内製化してきたメンバーシップ型との類似性もある。スキルの定義の明確化やアップスキル・リスキルの仕組みを強化するなど、いくつかの進化を加えれば、日本企業らしい人事運営が生きる場面も出てくるだろう。

転換2　経営主導の育成から社員による自律的なキャリア形成へ

過去の日本企業では、経営（本社人事）側が主導してローテーションや育成方針を定め、従業員がその決定に従う場合が多かった。事業構造が今ほど複雑でなく、経営環境も安定しているという条件のもと、全体最適の視点で組まれた異動やＯＪＴの計画が有効に機能したという背景がある。

企業側としては、均質なジェネラリストを養成する意図が大きかった。従業員側も、終身雇用という安定を暗黙裡に保証されているからこそ、希望に沿わない異動や登用であっても従ってきたという側面がある。

しかし、事業の構造が多様化・複雑化したため、人事部がありとあらゆるポストのビジネスニーズを理解して、人員配置や育成をタイムリーに考えていくのはもはや困難である。さらに従業員の側では、自分自身のキャリアパスの希望に合わせて能動的に、テーラーメードでキャリアを設計したいという考えが主流になりつつある。

こうした状況を考慮すると、従来の人事部主導でのキャリア形成・ローテーションよりも、従業員のキャリアニーズや現場理解を今まで以上に尊重したうえで、企業と従業員がある意味対等な関係となり、職務と人材をマッチングさせることが必要となってくる。そこで求められるのが「社内労働市場」の確立である。手法としては、社内公募などの仕組みを導入し、企業側の人材ニーズと従業員のキャリアニーズを市場原理でマッチングさせることで人員配置の最適化を図っていく。

ただしこれを有効に機能させるためには、適切な仕組みづくりが重要となる。募集するポストの必要要件の明確化や、リスキルの支援、キャリアカウンセリングなどのサポート、従業員のデータベースなどを整えつつ、等級・評価・報酬といった人事制度についても全社的な整合性をとりながら進めていくことが欠かせない。

転換3　中央集権の本社人事から分散型の現場人事へ

前述の通り、本社人事がすべてのポストのスキル要件を詳細に理解し、育成・評価・配置をタイムリーに行うことは限界に達しつつある。そこで必要な対応としては、事業や業務を深く理解する現場側の人事機能を強化・分散化したうえで、本社人事との密な連携を確立することである。

まず中央に集約していた人事機能を分解し、「本社が全体最適の視点で管理すべき機能」と「現場理解に基づく対応が必要な機能」に仕分けるところから始めたい。全社共通の人事ポリシーや人事制度・総人員数や人件費コントロール、企業風土、ＤＥ＆Ｉ（ダイバーシティ・エクイティ＆インクルージョン）、経営人材のタレントマネジメント、ＨＲシステムなど、本社人事が引き続き主導する機能もあれば、採用・育成・評価など現場理解が必須の機能では、より現場に近い組織への人事機能の再配置を検討することが必要となる。

本社人事と現場人事の橋渡し役であり、各現場の人事課題の解決のカギとなるのが「HRBP（HRビジネスパートナー）」だ。HRBPは人事機能の一つとして近年、重要度が高まっている。事業部門のパートナーとして人材と組織の両面からアドバイスやサポートを行い、各事業部門の目標達成や成長に向けた課題解決をリードする存在である。事業部門のトップ層と議論を重ね、経営方針と現場実態という双方の理解を踏まえた視点での提案を持ち掛けるなど、いわばコンサルタントの役割も担う。その支援範囲は要員計画、職務定義、採用、育成、評価、昇進、後継者計画など非常に幅広く、事業のパフォーマンスを高めるために事業と人事を一体で検討し、パートナーとして伴走していく。

なお、このようなHRBPを確保するのはなかなか難しい。現場理解や人事の知見に加えて、コンサルタント的な課題解決能力も要求されるためである。この点は、人事機能の高度化に向けた重要テーマとなるだろう。

バブル崩壊後の30年、日本経済や日本企業の停滞が叫ばれて久しい。私たちは日々、コンサルティングを通じて多くの組織とともに人材に関する議論を重ね、課題解決を支援しているが、日本の組織（民間企業・公的機関とも）にはまだまだ大きなポテンシャルが秘められていると感じている。

経営・事業戦略の巧拙、大胆なM＆Aや投資、AIをはじめとするテクノロジーの活用、イノベーションの推進など、競争力を左右する要素は数多くある。しかし、すべては担い手となる人材の能力にかかっており、経営の成否に決定的な影響を与えうる。

日本の組織には能力も意欲も高い人材が多数存在することは私たちも肌で感じているが、一方で、人材側のスキルや経験の不足、硬直的な組織運営がネックになり、ポテンシャルが発揮されない状況には頻繁に遭遇する。

人材ポートフォリオの充足と、その手段の一つとなる人材育成は、時代の要請に比してまだまだ日本企業の伸びしろが大きい。人材戦略を競争優位の源泉となる経営課題として捉え、いま一度真剣に取り組むことは、日本が再び国際社会で輝くための契機となりうるだろう。

ボストン コンサルティング グループ
Boston Consulting Group

ボストン コンサルティング グループ(BCG)は、ビジネスや社会のリーダーとともに戦略課題の解決や成長機会の実現に取り組んでいる。1963年に戦略コンサルティングのパイオニアとして創設され、今日では、クライアントとの緊密な協働を通じてすべてのステークホルダーに利益をもたらすことをめざす変革アプローチにより、組織力の向上、持続的な競争優位性構築、社会への貢献を後押ししている。
グローバルで多様性に富むチームが、産業や経営トピックに関する深い専門知識と、現状を問い直し企業変革を促進するためのさまざまな洞察を基にクライアントを支援している。最先端のマネジメントコンサルティング、テクノロジーとデザイン、デジタルベンチャーなどの機能によりソリューションを提供する。
日本では、1966年に世界第2の拠点として東京に、2003年に名古屋、2020年に大阪、京都、2022年には福岡にオフィスを設立。
https://www.bcg.com/ja-jp/

BCGが読む経営の論点 2024

2023年11月7日　第1版第1刷発行

編　　者　ボストン コンサルティング グループ

発 行 者　中川ヒロミ
発　　行　株式会社　日経BP
発　　売　株式会社　日経BPマーケティング
〒105-8308　東京都港区虎ノ門4-3-12
https://bookplus.nikkei.com

装　　幀　山之口正和（OKIKATA）
本文デザイン　野田明果
印刷・製本　シナノ印刷株式会社
編集担当　幸田華子・赤木裕介

ISBN978-4-296-00170-5
Printed in Japan